大人の
自由時間

游泳選手肌肉鍛鍊的祕密！

# 打造倒三角體型的
# 陸上訓練

高橋雄介 著
蘇聖翔 譯

# 前 言

　　游泳選手的身材是倒三角形，看起來十分精壯。簡而言之就是「帥氣」。在電視上看到他們的身影，應該也有不少人想「擁有那樣的身材」吧？

　　游泳選手的身材線條好看是有原因的。游泳這種運動經常用到能打造出倒三角形身材的肌肉。具體而言，像是三角肌、斜方肌、背闊肌等。平常刺激這些肌肉，自然就能鍛鍊身體，形成倒三角的體型。能夠全部使用到這些肌肉的運動，除了游泳看來是絕無僅有。因此游泳選手與其他運動選手不同，能夠擁有獨特的俐落身體線條。

　　那麼，沒有游泳習慣的人就無法打造出倒三角形的身材嗎？不，沒這回事。即使沒有游泳習慣的人，也能擁有倒三角形的身材，只要利用「陸上訓練（Dryland Training）」就能夠實現這一點。所謂「陸上訓練」是重點鍛鍊游泳時所用肌肉的肌力訓練。

　　本書包含熱身運動，共介紹57種「陸上訓練」。各個訓練清單依照程度階段，設計有不同的訓練次數，可以配合自己的肌力調整強度。不僅想要精壯身材的人，平常忙到無法去游泳池，卻也想要打造一副泳者身材時，這個訓練十分有幫助。請參考本書，開始不用下水的游泳訓練，擁有理想中的身材吧！

　　2016年5月

高橋雄介

# 【本書的閱讀方式】

訓練的次數依照每
個級別標示。

會以概略的類別標
示該訓練所要鍛鍊
的部位。

說明訓練的概要。

訓練後有效果的部
位，將以圖示和部
位名稱詳細標示。

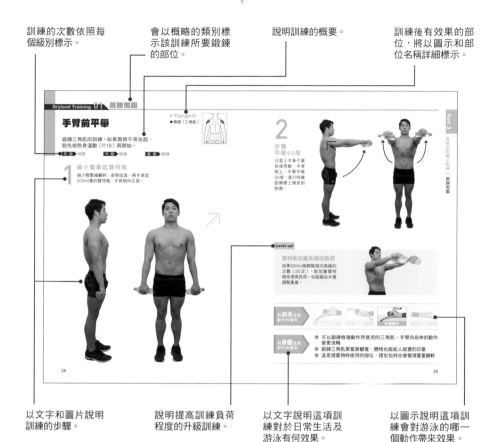

以文字和圖片說明
訓練的步驟。

說明提高訓練負荷
程度的升級訓練。

以文字說明這項訓
練對於日常生活及
游泳有何效果。

以圖示說明這項訓
練會對游泳的哪一
個動作帶來效果。

---

## ▶ 主要訓練用語解說

● **流線型**
游泳的基本姿勢。手臂往頭上伸直，是水的阻
力最少的姿勢。

● **弓前步**
鍛鍊大腿與小腿的訓練。一腳向前跨出，將重
心移到伸出的腳上刺激腿部肌肉。

● **抬高手臂**
手臂舉起與放下的訓練。

● **俯臥飛鳥**
和「抬高手臂」同樣是手臂舉起與放下的訓練。
不過俯臥飛鳥是往側邊舉起。

● **椅上撐體**
兩臂支撐身體，手臂彎曲伸直使身體上下移
動。主要鍛鍊肱三頭肌的訓練。

● **雙臂屈伸**
也就是所謂的伏地挺身。從俯臥的狀態彎曲
伸直手臂。

● **抬腿**
在「雙臂屈伸」的狀態下，將腿抬起與放下。

# Contents

# Contents

# Part 1

# 游泳選手身材好的原因
## Basic Knowledge

人們常說：「游泳選手的身材都是漂亮的倒三角形。」
那麼又是哪些肌肉會構成倒三角形呢？
讓我們先來探究造就這樣好身材的理由。

# 游泳選手
# 通常是倒三角形體型的原因

為什麼游泳選手都有著漂亮的體型？
原因在於游泳所使用的肌肉，
正好與能構成倒三角形體型的部位一致。

### ▶構成倒三角形的肌肉

要構成倒三角形的體型，主要重點在於**上半身的肩膀周圍與背部周圍**的部位。這些都是快速游泳時所使用到的部位，游泳選手經常運用這些肌肉游泳。因此游泳選手的身材自然會呈現漂亮的倒三角形。接下來讓我們瞧瞧選手們在實際游泳時是如何運用這些肌肉。

### ▶肩膀周圍的三角肌

在游泳時進行划手（划水）的動作。做出划水動作後手會回到前方。這稱為**恢復動作**，會用到肩膀周圍的肌肉。

蛙式是手在水中回到前面。和其他游泳項目相比，較少用到肩膀周圍的肌肉，不過像是自由式、仰式、蝶式這3種項目就會使用到肩膀的肌肉做恢復動作。尤其是兩臂同時從水面抬起的蝶式選手，比起自由式、仰式更會用到肩膀的肌肉，肩膀周圍也會非常健壯。

打造倒三角形體型的重點在於兩肩周圍的肌肉**三角肌**。如果三角肌很發達，身體就會看起來寬大魁梧，這是構成漂亮體型的一大重點。

### ▶腋下的背闊肌

強力划水時所用到的重要肌肉，就是腋下的**背闊肌**。游泳時不只臂力，也會使用背部的力量划水。從伸長手臂的狀態，做出將水往身體方向撥過來的動作時，更是會用到腋下的背闊肌。

背闊肌發達不只會使上半身更有厚度，從頸部到肩膀的線條會接近一直線。如果是溜肩看起來會不像倒三角形，但藉由背闊肌使肩膀升起，肩寬看起來會較為寬闊，便能打造出倒三角形的身材。

或許有不少人會以為，上半身的

厚度是由身體前面的大胸肌所構成。雖然大胸肌也是必要的，但是勤加鍛鍊背部的肌肉，也就是背闊肌，才能讓上半身呈現厚度，顯得健壯魁梧。

►頸部周圍的斜方肌

　　頸部周圍支撐起人類身體部位中最重的頭部。而如果頸根的**斜方肌**很發達，會使頸部周圍變大，進而顯得很健壯。

　　和三角肌一樣，是恢復動作時主要會用到的肌肉，但是斜方肌擔負著更重要的職責，那就是它能形成**筆直的「縱軸」**。

　　游泳是與水的阻力奮戰。為了減少阻力，身體要做出如同一根棒子般一直線的**流線型**姿勢。身體的中心軸打直就不會受到水的多餘阻力，這是

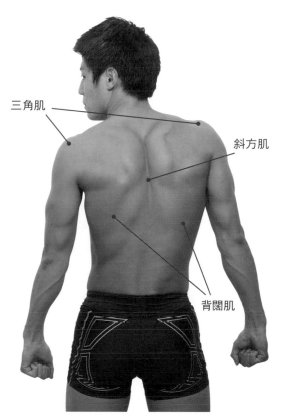

三角肌

斜方肌

背闊肌

游泳的一大重點。如果能藉由斜方肌不讓頭往左右偏，縱軸就不會偏移，可以形成漂亮的一直線。

　　三角肌、背闊肌與斜方肌是構成倒三角形體型的主要重點，是游泳選手在游泳時自然會使用到的肌肉。

# 不只鍛鍊，
# 還要「雕塑」肌肉

假使只鍛鍊構成倒三角形的部位，
也無法變成游泳選手的漂亮體型，為此必須要「雕塑」肌肉。
重點在於肩胛骨周圍的動作。

### ▶肌肉支撐肩胛骨
### 因此要「雕塑」肌肉

　　想要實現漂亮的倒三角形體型，並非只要鍛鍊三角肌、背闊肌、斜方肌這些部位即可。如果只有鍛鍊，即使能打造出健美先生般結實的體型，也無法變成和游泳選手的體型一樣地好看。

　　為此**肩胛骨周圍的動作要流利，換言之「雕塑」便是一大重點**。肩胛骨的骨頭並未接合，而是由周邊的肌肉固定。假如肌肉無力，或動作不靈活，肩胛骨就無法發揮原本的作用。

　　三角肌、背闊肌、斜方肌是組成肩胛骨動作的肌肉。肩胛骨的動作良好，也與這些肌肉的靈活度有關，不只是鍛鍊的效果，肌肉將能適當地「雕塑」。

　　游泳不只肩胛骨周圍，全身也能適當地持續運動，能給予肌肉充分的

只要將肩胛骨往四個方向移動就會是不錯的運動方式。這些動作是用三角肌、斜方肌、背闊肌來支撐。

刺激。這正是游泳選手體型是屬於精壯，而不只是肌肥大體型的原因。

### ▶經過「雕塑」的肌肉　還能消除肩膀痠痛

上半身恰到好處的厚度、健壯的肩膀周圍與經過「雕塑」的背部線條搭配，衣服穿起來就會更好看。

尤其男性穿上西裝，有了肩膀寬度，上半身尤其背部有厚度，外形就會顯得好看。從上半身到腹部周圍，會呈現衣服勒緊的線條。配合這個線條軀幹逐漸縮小，衣服版型與身體緊密貼合就會顯得精壯。

另外，肩胛骨周圍的肌肉經過「雕塑」，就能消除肩膀痠痛。許多人使用電腦工作都有肩膀痠痛的煩惱，經過「雕塑」肩胛骨周圍的肌肉便可以解決這個問題。

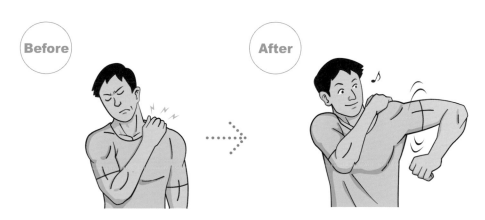

Before

After

假如強化肩胛骨周圍的肌肉，不只是游泳，對於日常生活也會有良好的影響。不僅可以消除肩膀痠痛，身體也會感覺輕盈。

# 藉由「陸上訓練」
# 打造游泳身材

想要打造游泳的身材，去海邊或游泳池游泳是最快的捷徑。
不過，藉由在陸上進行「陸上訓練」，
也能打造出和游泳選手同樣的體型。

▶ **游泳選手的體型**
  **並非只靠游泳打造出來**

　　和游泳選手一樣漂亮、經過「雕塑」的肉體，非得要透過游泳才能鍛鍊出來嗎？

　　答案是否定的。游泳選手並非只靠游泳就能打造出這種身材。進行「陸上訓練」才能打造出漂亮的體型。換言之，即使不做游泳訓練，只要經由「陸上訓練」鍛鍊形成倒三角形的肌肉，任何人都能變成游泳選手般的倒三角形體型。

　　在水中游泳時，不會承受如重量訓練般那麼大的負荷。肌肉面對水的阻力，會是維持在承受較小負荷的狀態。如果以「陸上訓練」施加同樣的負荷，就會是利用自重（自己的體重）的訓練，這時反而「陸上訓練」的負荷比較高。

　　最理想的狀況，是能夠藉由「陸上訓練」所鍛鍊的部位，一邊意識到「自己正在使用這裡的肌肉」，一邊游泳就會是最有效果的訓練。然而在忙碌的現代社會中，很難擠出時間去游泳。請安排自己的訓練週期，持續鍛鍊，打造出理想的身材。

▶ **訓練時不可或缺的「縮小腹」**

　　「陸上訓練」不能缺少鍛鍊軀幹的「縮小腹」。所謂「縮小腹」就是讓腹部內凹，維持緊縮的狀態。

　　「縮小腹」能讓軀幹穩定，可以做出筆直漂亮的姿勢。另外，在陸上「縮小腹」也能穩定姿勢，舉止動作與走路姿勢都會更優美。軀幹緊實也會呈現出身體的纖細。不只男性，也很推薦女性採用這一項訓練。

　　而最終目標是一邊「縮小腹」，一邊進行接下來所介紹的訓練動作。如此一來，即使不個別進行緊縮軀幹的訓練，也能一邊鍛鍊其他部位，同時一邊鍛鍊軀幹。

## 【縮小腹的方法】

1 以仰臥姿勢,吸氣使腹部鼓起。

2 手貼在腹部上按著,將氣一口氣
吐完。

3 氣吐完後,腹部維持凹陷的狀態
呼吸10次。這時下腹部用力的狀
態最為理想。

4 呼吸10次之後,腹部的力氣放
鬆。重複整組動作數次。

# 瞭解游泳的動作
# 與身體的主要肌肉和部位

本書介紹的訓練是想像游泳的動作編排而成。
讓我們再次複習游泳的划手動作，以及主要使用的肌肉吧。
有意識地鍛鍊這些肌肉，就是打造好身材的捷徑。

## 【游泳的4個過程(以自由式為例)】

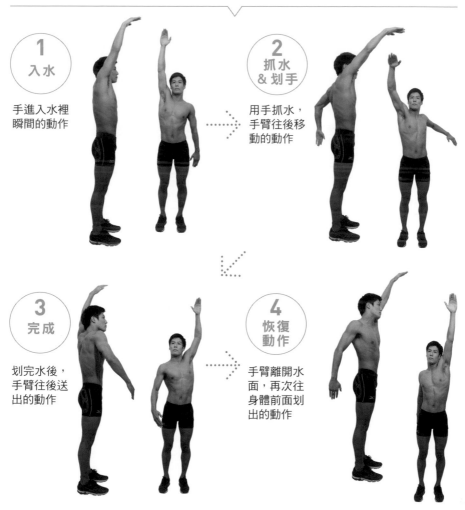

**1 入水**
手進入水裡
瞬間的動作

**2 抓水 & 划手**
用手抓水，
手臂往後移
動的動作

**3 完成**
划完水後，
手臂往後送
出的動作

**4 恢復 動作**
手臂離開水
面，再次往
身體前面划
出的動作

※這些動作再加上打水，就能夠向前進

# 【游泳主要使用的肌肉】

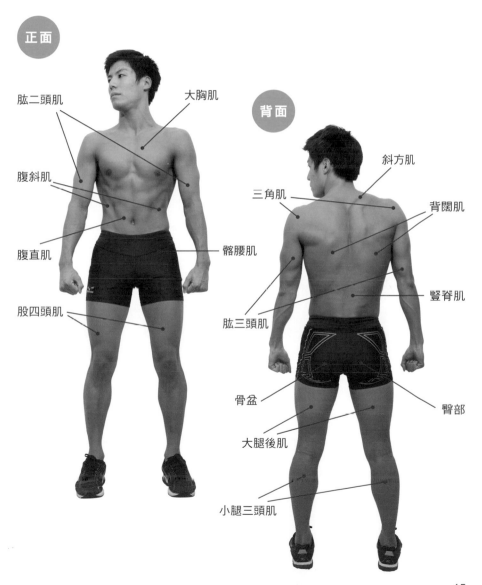

**正面**

肱二頭肌

大胸肌

**背面**

腹斜肌

斜方肌

三角肌

背闊肌

腹直肌

髂腰肌

豎脊肌

股四頭肌

肱三頭肌

骨盆

臀部

大腿後肌

小腿三頭肌

# 熱身運動
# 不需要伸展運動？

最近經常聽到「伸展運動沒有意義」的說法。實際上並沒有這回事。我們必須正確地瞭解伸展運動的做法與時機。

在運動之前進行的所謂熱身運動，顧名思義就是讓身體變暖，做好運動的準備。必須讓肌肉處於即使進行激烈的運動，也不會受傷的狀態。

然而伸展運動不太有暖身的效果。因此大家在做熱身運動時只做伸展運動的情形減少了。

游泳選手在練習前所做的熱身運動是「動態伸展」。除了步行與跳躍，再加上手腳的大幅擺動，這是一邊活動暖身一邊伸展的運動。全身充分活動，提高血液循環，讓身體逐漸變暖和。並且，假如肌肉因為每天的練習而僵硬緊繃，只要輕輕伸展使其恢復原狀，身體就能夠運動。

另一方面，在訓練之後消除疲勞、復原肌肉的護理方面，伸展運動是有效的。

原本伸展運動就是用於伸展照護肌肉。肌肉疲勞後，維持收縮的狀態就不易伸展。維持收縮血液循環會變差，消除疲勞物質的作用也無法發揮，肌肉就會僵硬、活動變差，或是使不上力氣。慢慢地伸展，讓肌肉恢復原狀，變成能夠伸縮的狀態，正是伸展運動的目的與效果。

換言之，伸展運動的用法與時機將會大幅影響效果。絕非大家口中的無用之物。

# Part 2

# 熱身運動
## Warming up

在進入正式訓練之前，要先做熱身運動。
首先完成輕鬆的內容，做好運動的準備。
除此之外，比較輕鬆的運動也對健康有益。

# 轉動肩胛骨

放鬆肩胛骨周圍的肌肉，
刺激「雕塑」背部的動作。不用停止呼吸，
別忘了縮小腹，並且要大幅地轉動。

**►Target!**
● 肩膀（肩胛骨）

次 數 ▶ 15次

**1** **站直**

縮小腹緊縮軀幹，身體
姿勢挺直。

縮小腹

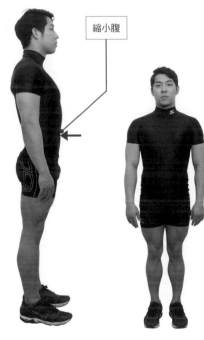

**2** **肩膀往後靠近**

想像左右兩邊肩胛骨
靠近，用力移動。

## 3 肩膀上抬

一邊聳肩，一邊抬起肩胛骨。

不光是只有轉動肩膀，而是利用背部大幅轉動肩胛骨。

## 4 肩膀下降

肩胛骨用力打開肩膀下降。想像肩膀往前推的動作。再以同樣方式向後轉動。

| 對**游泳**這個動作有幫助 | | | | |
|---|---|---|---|---|
| 抓水&划手 | 完成 | 恢復動作 | 打水 |

**對身體這個部位有幫助**
- 不易變成四十肩，也能消除肩膀痠痛
- 訓練游泳不可或缺的肩胛骨細微動作，可以達到大幅度地划手
- 從肩胛骨活動手臂，可減輕肩膀的毛病與疼痛

19

# 手臂平舉45度

記住「轉動肩胛骨」大幅擺動手臂的感覺後，
接下來直接對肩膀給予輕微的刺激。
這是熱身運動，不需要突然施加太大的負荷。

**次 數** 正面：15次　側面：15次

正面
上抬

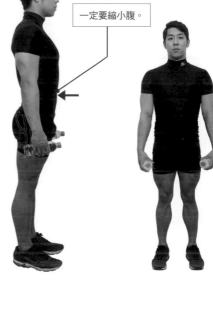

一定要縮小腹。

## 1 手拿寶特瓶站直

在縮小腹的狀態下，兩手
拿著寶特瓶。

45°

## 2 手臂向前方抬起

雙手伸直的狀態下，抬起時
手肘不要彎曲。標準是手臂
與身體的角度成45度。

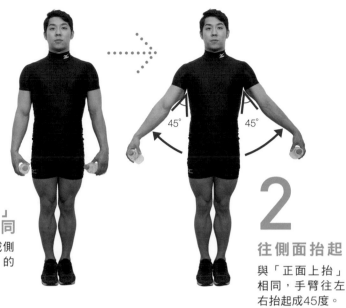

側面
上抬

# 1

## 與「正面上抬」
## 的準備姿勢相同

手臂抬起的方向改成側
面。與「正面上抬」的
準備姿勢相同。

45° 45°

# 2

## 往側面抬起

與「正面上抬」
相同，手臂往左
右抬起成45度。

**Level up!**

### 覺得負荷太輕時
### 可以換成大一點的寶特瓶

覺得負荷太輕時，可以改成容量1L的寶
特瓶。不過這畢竟只是熱身運動，與其
施加較高的負荷，不如將目標放在活動
肩膀肌肉，以暖身為主。

也能藉由寶特瓶的水量
調整重量。

| 對**游泳**這個動作有幫助 | | | | |
|---|---|---|---|---|
| |  |  |  |  |
| | 抓水&划手 | 完成 | 恢復動作 | 打水 |

對**身體**這個
部位有幫助

● 這個訓練能對游泳划手時經常用到的肩膀周圍動作有益
● 與肩胛骨連動，肩膀整體的動作也以雕塑為目的
● 肩膀暖身後，之後的運動也比較不容易受傷
● 負荷較輕，肩膀疼痛的人也能進行

# 伸展&步行

上半身伸展肩膀周圍與大胸肌；下半身伸展大腿後肌、臀部與腰背部的動態伸展運動。此熱身運動要一邊活動一邊進行，別忘了縮小腹。

次 數 ▶ 左右各3組

▶**Target!**
● 肩膀（肩胛骨）
● 屁股（臀部）
● 大腿（大腿後肌）
● 胸部（大胸肌）

## 1 踏出一步

縮小腹維持軀幹緊縮的狀態，慢慢地踏出一步。

胸部大幅拉開伸展大胸肌。

## 2 揮起手臂

第二步時，與向前踏出的腳同一邊的手往上大幅揮起。

# 3 觸碰腳尖

第三步時，揮起的手觸碰另一隻
腳的腳尖。做完一組動作後，第
一步換成另一隻腳。

有意識地伸展腰背
部與大腿後肌。

有節奏地進行
步行的過程。

| 對**游泳**這個<br>動作有幫助 |  |  |  |  |
|---|---|---|---|---|
| | 抓水&划手 | 完成 | 恢復動作 | 打水 |

對**身體**這個
部位有幫助

- 對划手時使用的背部與大胸肌、水中打水時使用的大腿後肌給予刺激
- 活動時能有意識地讓以肩膀周圍為主的上半身，和以大腿後肌為主的下半身連動
- 大腿後肌的伸展運動能預防腰痛

# 伸展＆弓箭步行走

跨出一小步成弓箭步，配合胸廓周圍伸展的伸展運動。從骨盆活動大腿根部，同時伸展胸廓「雕塑」上半身。

**▶Target!**
● 胸部（胸廓）
● 臀部（骨盆）

次　數 ▶ 左右各3組

## 1 踏出一步

踏出第一步時，用力縮小腹緊縮軀幹。

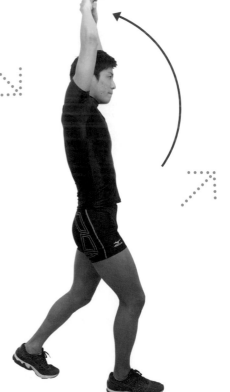

## 2 兩臂舉起

第二步時雙臂高舉過頭，做好伸展胸廓的準備。

24

# 3 跨出弓箭步

第三步大步向前，體重移到這隻腳（弓箭步）。
這時上半身傾向往前踏出的這隻腳，胸廓同時伸展。

不是從腰部彎曲身體，而是有意識地
伸展胸廓（肋骨）附近。注意維持身
體的左右平衡，腹部周圍要用力縮小
腹保持穩定。

|  |  |  |  |
|:---:|:---:|:---:|:---:|

**對游泳這個動作有幫助**

| 抓水 & 划手 | 完成 | 恢復動作 | 打水 |

**對身體這個部位有幫助**

- 調整胸廓的動作，在抓水時可以抓更多的水
- 抓水與打水是同時進行，能養成胸廓與骨盆周圍同時活動的感覺
- 伸展胸廓，肺部就會容易鼓起，呼吸也會變得順暢

# 肩胛骨滑動①

意識到肩胛骨的熱身運動。手臂往前伸並前後
活動，或往上伸展上下活動，練習大幅滑動肩
胛骨吧。

▶Target!
●肩膀（肩胛骨）

次 數 各15次

前方

**1 手臂向前伸展**

手臂放鬆向前伸展。別
忘了要縮小腹。

這時會感覺到肩
胛骨大幅拉開。

**2 再往前伸**

手臂有意識地
向前拉，雙肩
往前推出。

這時肩胛骨有意
識地靠近閉合。

**3 往後滑動**

高度不變，向前推出的
手臂直接往後滑動。

正上方

## 1 手臂高舉

手臂往正上方高舉。

## 2 從肩部再往上舉

意識到從肩胛骨活動，手臂再往上舉。

## 3 從肩膀根部放下

手臂伸直，肩胛骨往下降。有意識地從肩膀根部放下為佳。

對**游泳**這個動作有幫助

 抓水＆划手　 完成　 恢復動作　 打水

對**身體**這個部位有幫助

● 抓水時能抓到遠處的水，完成時的划手能推水到最後
● 容易意識到肩胛骨的動作
● 反覆進行，慢慢掌握拉開、靠近、上抬、放下的感覺

# 骨盆旋轉步行

邊走邊旋轉骨盆,「雕塑」大腿根部動作的訓練。這個動作要保持前後平衡來進行,放鬆骨盆、髖關節的動作。

▶Target!
●臀部(骨盆)

次數▶左右各3組

## 1 維持姿勢行走

第一、二步縮小腹,姿勢維持挺直輕鬆行走。

## 2 膝蓋朝向外側

後腳的膝蓋朝向外側,拉開骨盆。

## 3 腳抬起來

骨盆大幅拉開,從大腿根部用力抬腳。

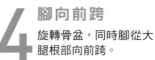

## 4 腳向前跨

旋轉骨盆，同時腳從大腿根部向前跨。

## 5 大步踏出

最後腳向前大步踏出。目前的動作都要有節奏地進行。

**Level up!**

### 後旋也以相同方式進行

直接倒退走一樣也要旋轉骨盆。和前旋的方式相同，第三步時腳要從大腿根部抬起，直接用骨盆畫半圓向後跨。

| 對**游泳**這個動作有幫助 |  抓水＆划手 |  完成 |  恢復動作 |  打水 |
| --- | --- | --- | --- | --- |

| 對**身體**這個部位有幫助 | ● 藉由放鬆大腿根部、雕塑骨盆的動作，能提高打水的推進力<br>● 腳大幅擺動，能提高骨盆周圍的柔軟度<br>● 縮小腹加上骨盆旋轉能讓下腹部緊實，雕塑腹部周圍 |
| --- | --- |

# 手臂內外旋

▶Target!
●上肢

刺激肩膀周圍細微肌肉的訓練。
在P.18等大幅動作後，進而開始注意細節，
為接下來的訓練做準備。

**次 數** ▶內外各10次

## 1 兩手撐在桌上

兩手撐在桌子等平面
上。如果沒有檯子，
改以趴下撐在地板上
也可以。

## 2 手臂往
外側旋轉

手和肩膀的位置
不變，手臂往外
側旋轉。想像手
肘轉向正面。感
受肩膀內部細微
肌肉受到刺激。

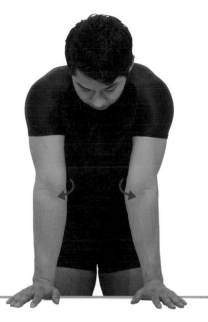

## 3 手臂往內側旋轉

撐在桌子上的手不動,手臂轉向內側。想像手肘內側朝向正面。

| 對**游泳**這個動作有幫助 |  |  |  |  |
|---|---|---|---|---|
| | 抓水&划手 | 完成 | 恢復動作 | 打水 |

對**身體**這個部位有幫助
- 可以熟悉划手時手臂細微內外旋的感覺
- 對細微肌肉的刺激可預防受傷
- 會刺激肩膀的內層肌肉,對肩膀痠痛很有效

# 肩關節歸位

肩關節會有點偏離原本的位置。動作愈大偏移
程度也會愈大。這個訓練內容是一面讓肩關節
回到原本的位置，一面刺激三角肌。

**次 數** ▶ 左右各10次

## 1 纏上毛巾

毛巾纏在上臂，手肘彎成90度。
另一隻手輕輕拉毛巾。

# 2 手臂抬起

手肘角度維持90度，腋下打開，
手臂抬到正側面。

用拉毛巾的力道
來調整負荷。

對**游泳**這個
動作有幫助

抓水&划手

完成

恢復動作

打水

對**身體**這個
部位有幫助

● 刺激三角肌，讓肩關節回到正常位置
● 消除關節偏移所引起的疼痛與倦怠感
● 意識到肩胛骨的開閉，雕塑肩膀周圍的肌肉

# 弓箭步行走&T字平衡式

對骨盆輕輕施加負荷，刺激整個身體，
做好全身運動的準備。弓箭步能刺激下半身，
T字平衡式則能刺激軀幹。

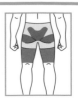

次數 ▶ 弓箭步：左右各3組　　T字：左右各3組

弓箭步
行走

## 1 兩臂伸直，維持姿勢行走

第一、二步縮小腹維持
挺直的姿勢，兩臂向前
伸直行走。

雙手向前才能意
識到姿勢挺直。

## 2 腰部放低

第三步時腰部放低。前
腳與後腳皆有意識地彎
成90度。

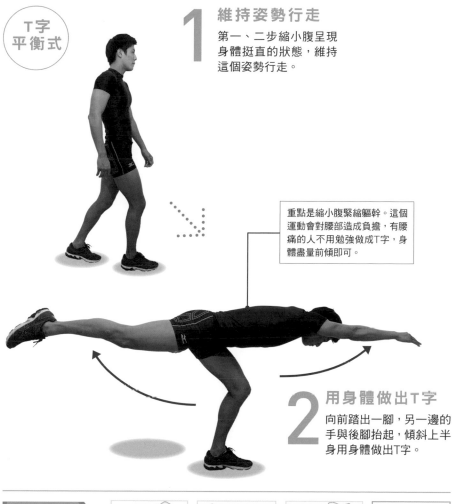

T字
平衡式

## 1 維持姿勢行走

第一、二步縮小腹呈現
身體挺直的狀態，維持
這個姿勢行走。

重點是縮小腹緊縮軀幹。這個
運動會對腰部造成負擔，有腰
痛的人不用勉強做成T字，身
體盡量前傾即可。

## 2 用身體做出T字

向前踏出一腳，另一邊的
手與後腳抬起，傾斜上半
身用身體做出T字。

| 對**游泳**這個動作有幫助 | | | | |
|---|---|---|---|---|
| |  |  |  |  |
| | 抓水&划手 | 完成 | 恢復動作 | 打水 |

**對身體這個部位有幫助**

- 弓箭步可以伸展骨盆周圍同時刺激腿部
- T字平衡式有助於調整上半身姿勢
- 左右邊的肌力與關節若有差異，弓箭步行走時上半身可能會偏移，或無法維持T字平衡式，此動作有助於掌握自己的左右差異並修正

# 從不使用的肌肉
# 開始鍛鍊

　　無論再怎麼訓練，身體也不會在一朝一夕就出現變化。所以每一次的訓練量可以少一點，重點是一定要持續訓練。

　　人要養成某種習慣，至少需要兩、三個月的時間。然而若是沒有明顯的變化或明確的感受，訓練會很難持續下去。因此我要傳授兩個能讓訓練持之以恆的訣竅。

　　第一是照鏡子。每天持續訓練，到了第二週就會開始發生小小的變化。為了確認，訓練後對著鏡子檢查自己的身體吧。即使只有一點點，要是發現自己身體的變化會很開心呢。這也將會成為你的動力，有助於持續訓練。

　　第二是從之前沒意識到的肌肉開始鍛鍊。即使照鏡子，也只能看見自己的大胸肌、腹肌與股四頭肌等身體前面的肌肉。因此一開始要

從肩膀的三角肌、手臂的肱三頭肌與腳後面的大腿後肌等，以自己看不見的部位為主進行訓練。這些是日常生活中不太使用，並不發達的肌肉。也就是說，即使是負荷較少的訓練，也可望提升肌力的部位。

　　此外，透過鍛鍊不常使用的肌肉，才能「雕塑」漂亮的身材。想要改變外表，就先鍛鍊沒有意識到的部位，照鏡子時注意確認全身，如此一來，就能在短期內體認身體的變化，也能提高幹勁，外表將會有顯而易見的改變。

　　鍛鍊平時未意識到的肌肉，在日常生活中也能一點一滴地感受到變化。本來走路十分鐘就覺得累，不知不覺能夠走上三十分鐘，購物時提重物也不以為苦。能否察覺到這些小小的變化，也關係到是否能持續訓練的動力。

# Part 3

# 各部位的陸上訓練
## Dryland Training

就算開始訓練，外表也不會突然改變。
配合想鍛鍊的部位，與自己的肌肉負荷程度，
持續不斷地累積訓練吧。

# 手臂前平舉

▶**Target!**
● 肩膀（三角肌）

鍛鍊三角肌的訓練。如果肩膀不易抬起，
就先做熱身運動（P.18）再開始。

| 初 級 ▶10次 | 中 級 ▶20次 | 高 級 ▶30次 |

## 1 縮小腹拿起寶特瓶

縮小腹緊縮軀幹，姿勢挺直，兩手拿起
500ml重的寶特瓶。手背朝向正面。

# 2

## 手臂
## 平舉90度

注意上半身不要
前後晃動，手背
朝上，手臂平舉
90度。進行時確
認肩膀上側受到
刺激。

---

**Level up!**

### 寶特瓶加重來增加負荷

如果500ml能輕鬆做完高級的
次數（30次），就加重寶特
瓶來提高負荷。也能藉由水量
調整重量。

---

| 對**游泳**這個<br>動作有幫助 | <br>抓水＆划手 | <br>完成 | <br>恢復動作 | <br>打水 |
| --- | --- | --- | --- | --- |

---

對**身體**這個
部位有幫助

● 可以鍛鍊恢復動作所使用的三角肌。手臂向前伸的動作
　會更流暢
● 鍛鍊三角肌肩寬會變寬，體格也能給人結實的印象
● 這是提重物時使用的部位，提包包時也會覺得重量變輕

▶Target!
● 肩膀（三角肌）

# 手臂側平舉

和「手臂前平舉」同樣是鍛鍊三角肌。
除了直向，也能鍛鍊橫向的肌力。

| 初 級 ▶10次 | 中 級 ▶20次 | 高 級 ▶30次 |

## 1 手背朝外
## 兩手拿著寶特瓶

手背朝外，拿著寶特瓶。
這時利用縮小腹緊縮軀幹。

# 2 腋下打開 手臂平舉

手肘不要彎曲，腋下打開，手臂往正側面平舉90度。

不只是肩膀，也要意識到背部肩胛骨周圍的動作，效果會更加提升。

**Level up!**

## 藉由寶特瓶的 重量調整負荷

和「手臂前平舉」相同，如果負荷太輕就調整寶特瓶的重量。不過，這個動作對於肩膀的負荷比前平舉還要高，要慎重地調整重量。假如太重反而會造成傷害。

| 對**游泳**這個動作有幫助 | | | | |
|---|---|---|---|---|
| |  |  |  |  |
| | 抓水&划手 | 完成 | 恢復動作 | 打水 |

**對身體這個部位有幫助**

- 這個訓練可以鍛鍊恢復動作所使用的三角肌
- 負荷比「手臂前平舉」還要高。要是肩膀或手肘疼痛，就不要強加負荷
- 一邊縮小腹一邊活動肩膀，掌握軀幹與手臂連動的感覺

# 手臂後舉

除了前面、側面，也要鍛鍊三角肌的後面。
不只肩膀，也要意識到手臂後側。

初 級 ▶ 10次　　　中 級 ▶ 20次　　　高 級 ▶ 30次

## 1

### 手背朝外
### 縮小腹

縮小腹以緊縮軀幹，手
背向外拿起寶特瓶。

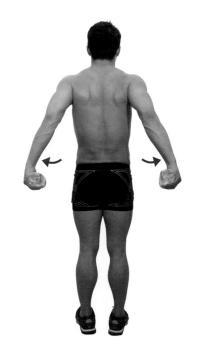

有意識地緊縮腋下。

45°

## 2
### 往正後方
### 舉起

從側面看來手臂舉
起45度。肩膀不要
往上提，身體也不
要往前傾倒，緊縮
軀幹進行。

---

**Level up!**

#### 拿更重的寶特瓶

和前平舉、側平舉相同，如果500ml太輕，
就改拿1L或2L的寶特瓶。不過，過程中上半
身不能移動，手肘也不能彎曲，否則就刺激
不到三角肌和肱三頭肌。要縮小腹緊縮軀
幹，並經常意識到手臂抬起的角度。

---

| 對**游泳**這個<br>動作有幫助 | | | | |
|---|---|---|---|---|
| | 抓水&划手 | 完成 | 恢復動作 | 打水 |

**對身體這個部位有幫助**

- 除了三角肌，也能刺激肱三頭肌，緊縮手臂後側，上臂的鬆弛消失，手臂線條更「俐落」
- 較輕的負荷能緊縮手臂；較重的負荷則能讓手臂更粗壯
- 三角肌和肱三頭肌能為倒三角形體型打下基礎

# 彎腰
# 俯臥飛鳥

身體向前彎，緊縮肩膀周圍。
開始姿勢也很重要，要配合動作確認。

▶**Target!**
● 肩膀（肩胛骨、
　三角肌、斜方肌）

| 初 級 ▶10次 | 中 級 ▶20次 | 高 級 ▶30次 |
| --- | --- | --- |

## 1　上半身向前傾

手拿寶特瓶，上半身向前傾。骨盆前傾，
同時腰部稍微放低，重點是背部挺直。縮
小腹進行比較能做出漂亮的開始姿勢。

骨盆前傾，腰部稍微放低，背
部保持挺直。不妨先有意識地
讓肩胛骨稍微打開。

# 2

## 手臂往外側打開90度

手臂往正側面慢慢抬起。手肘
不要彎曲，不妨有意識地讓肩
胛骨靠近。注意上半身不要前
後晃動，也不要利用身體的反
作用力。

## Point

### 肩胛骨靠近

左右的肩胛骨靠
近，以這個動作
有意識地抬起手
臂。

 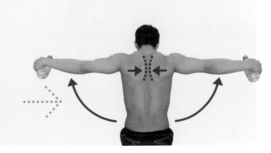

對**游泳**這個
動作有幫助

抓水&划手

完成

恢復動作

打水

對**身體**這個
部位有幫助

- 肩膀周圍的肌肉緊縮，能打造出呈現倒三角形的體型
- 恢復動作是使用三角肌轉動手臂，以肩胛骨靠近的動作
  來協助
- 能緊縮軀幹，培養同時進行多個動作的感覺

# 肩胛骨
# 雙臂屈伸

四肢著地，只意識到肩胛骨的動作，
「雕塑」從肩膀到背部的肌肉動作。

►**Target!**
● 肩膀（肩胛骨）

初級▶10次　　中級▶20次　　高級▶30次

**1** 四肢著地

開始姿勢是四肢著地。背部不
要拱起，保持挺直的狀態。

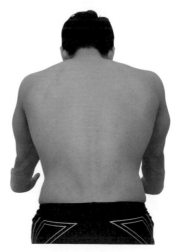

## 2 肩胛骨靠近

胸口有意識地下沉，肩胛骨靠近。
注意腰部不要過於反折。

> 胸口下沉，肩胛骨靠近。

## 3 肩胛骨打開

心窩附近有意識地上抬，背部拱起，肩胛骨大幅拉開。重複進行這個動作。

> 背部拱起，肩胛骨打開。

| 對**游泳**這個動作有幫助 | | | | |
|---|---|---|---|---|
| | <br>抓水＆划手 | <br>完成 | <br>恢復動作 | <br>打水 |

**對身體這個部位有幫助**

● 能提高肩胛骨的柔軟度，同時鍛鍊周邊的肌肉
● 趴著進行，就能只集中於肩胛骨訓練
● 以肩胛骨周圍為中心緊縮背部，背部線條就會顯得精壯
● 從肩膀鍛鍊肩胛骨的肌肉，可預防肩膀痠痛

# 肩胛骨
# 椅上撐體

比「肩胛骨雙臂屈伸」更能鍛鍊背部。鍛鍊肩胛骨周邊的肌肉，同時意識到肱三頭肌。

▶Target!
- 肩膀（三角肌、斜方肌）
- 背部（背闊肌）
- 手臂（肱三頭肌）

初級 ▶ 10次　　中級 ▶ 20次　　高級 ▶ 30次

**1 背對椅面用手撐著**

上半身保持挺直，在膝蓋彎成90度的狀態，把手撐在與腰部等高的椅面上。

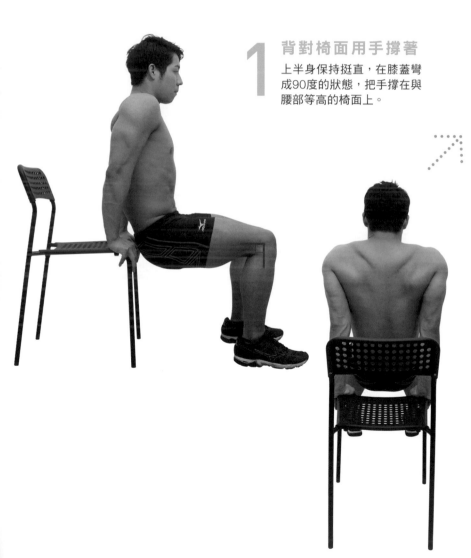

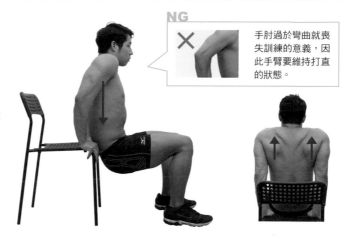

# 2
## 上半身放低

肩胛骨抬高，腰部
則是筆直地下降。

**NG**

手肘過於彎曲就喪
失訓練的意義，因
此手臂要維持打直
的狀態。

# 3
## 上半身抬起

肩胛骨下降，上半
身維持挺直，腰部
抬起。

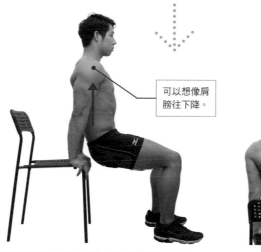

可以想像肩
膀往下降。

---

| 對**游泳**這個<br>動作有幫助 | 抓水＆划手 | 完成 | 恢復動作 | 打水 |
| --- | --- | --- | --- | --- |

| 對**身體**這個<br>部位有幫助 | ● 可以鍛鍊抓水手臂前伸時，與完成動作推水時所用到的<br>　肩膀周圍<br>● 抬起身體的動作也能鍛鍊背部<br>● 藉由「肩胛骨雙臂屈伸」打開、閉合肩胛骨的動作；<br>　「肩胛骨椅上撐體」抬起、降下肩胛骨的動作，可以徹<br>　底鍛鍊整個背部 |
| --- | --- |

# 入水姿勢
# 平行飛鳥

▶Target!
●肩膀（肩胛骨、三角肌、斜方肌）

強化游泳的動作，鍛鍊三角肌、斜方肌等
肩膀周圍的肌肉。意識到肩胛骨靠近的動作。

初 級 ▶10次　　　中 級 ▶20次　　　高 級 ▶30次

## 1 俯臥採取游泳的姿勢

以兩手前伸的狀態俯臥，單手抬起
做出游泳的姿勢。

# 2 手肘抬起

身體的中心軸不動，手臂抬起時手肘也抬高。
肩胛骨靠近，從肩膀到手肘都有意識地抬起。
手肘抬起後回到原位，重複相同的動作。

從肩膀到手肘有意識地抬起。

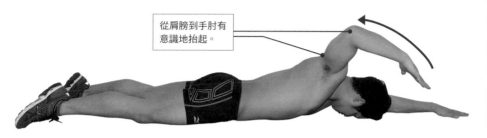

從肩膀到手肘抬起後，肩胛骨也要靠近中央。

| 對**游泳**這個動作有幫助 | | | | |
|---|---|---|---|---|
| |  抓水&划手 |  完成 |  恢復動作 |  打水 |

**對身體這個部位有幫助**

- 這個訓練要想像實際游泳的動作
- 可以鍛鍊構成倒三角形的三角肌，以及讓背部健壯的斜方肌
- 一次活動一邊的肩胛骨，便容易意識到肩膀周圍的肌肉
- 鍛鍊背部肌肉的同時，也能提高肩膀的柔軟度

51

# 肩胛骨滑動②

▶Target!
● 肩膀（肩胛骨、斜方肌）
● 背部（背闊肌）

提高肩膀周圍的負荷並鍛鍊。
重點是打開肩胛骨，用力抬起肩膀。

| 初 級 ▶10次 | 中 級 ▶20次 | 高 級 ▶30次 |

## 1 仰臥手臂伸直

手拿寶特瓶仰臥，手臂伸直與
地板成垂直。別忘了縮小腹，
確認肩膀撐在地板上。

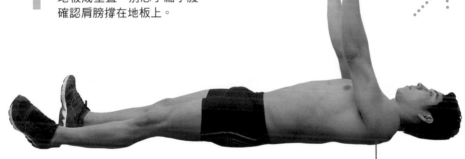

肩膀撐在地板上。

# 2 舉起寶特瓶

手臂從肩膀舉起。手肘不要彎曲，上半身別抬起來，重點是只利用打開肩胛骨的動作來將手舉起。動作小一點也行。

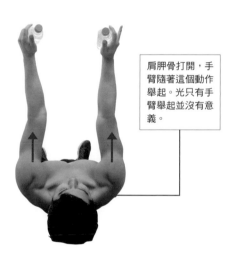

肩胛骨打開，手臂隨著這個動作舉起。光只有手臂舉起並沒有意義。

## Level up!

### 習慣後提高負荷

如果能輕鬆做完，就把寶特瓶加重提高負荷。假如是拿大的寶特瓶，藉由瓶中的水量也能調整重量。

---

對**游泳**這個動作有幫助

 抓水&划手

 完成

 恢復動作

 打水

---

對**身體**這個部位有幫助

- 可以鍛鍊恢復動作與抓水時使用的肩膀周圍肌肉
- 在提升肩膀周圍肌力的同時，也能提高柔軟度
- 如果背部緊實，可以改善平時的姿勢，站立、走路等動作也會顯得好看

# 雙臂屈伸
# & 抬腿

提高大胸肌訓練效果的伏地挺身。
抬腿還能培養軀幹力。

▶Target!
● 胸部（大胸肌）
● 手臂
　（肱三頭肌）

| 初級 ▶4組 | 中級 ▶8組 | 高級 ▶10組 |

## 1 兩手撐在地板上

兩手盡可能張開撐在地板上。從頭
部到腳跟保持一直線的姿勢。

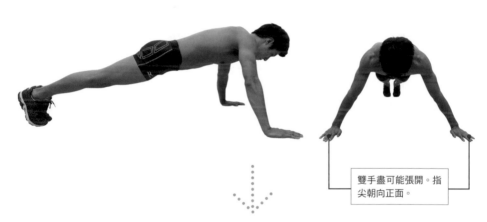

雙手盡可能張開。指
尖朝向正面。

## 2 手肘彎曲身體下降

維持挺直的姿勢，手肘確實彎曲讓身體下
降（伏地），再回到**1**的狀態（挺身）。

手肘最好確實彎曲，讓臉
和身體幾乎貼到地面。

# 3 單腳抬起

**2**做2次後，維持**1**的狀態一隻腳輕輕抬起放下（抬腿）。至此為1組。左右腳互換，重複**1**～**3**。

**Level up! 1**

## 在手肘彎曲的狀態下抬腳

**3**的抬腿時，在**2**手肘彎曲的狀態下抬起腳並放下。這對大胸肌的負荷會更高，並增加對肌肉的刺激。

**Level up! 2**

## 抬腳後往旁邊挪動

在Level up!❶抬起一隻腳後，加入腳往旁邊挪動並回到原位的動作。可提升維持姿勢的力量。

對**游泳**這個動作有幫助

抓水＆划手

完成

恢復動作

打水

對**身體**這個部位有幫助

- 主要可以鍛鍊抓水＆划手這種划水動作時所用的肌肉
- 一邊雙臂屈伸一邊移動腿部，可以訓練一邊打水一邊活動手臂
- 維持挺直的姿勢進行，軀幹也會緊實
- 大胸肌發達身體就會有厚度，顯得健壯

# 流線型
# 上半身抬舉

上半身姿勢挺直，鍛鍊腹肌。
要意識到游泳時挺直的姿勢（流線型）。

| 初 級 ▶10次 | 中 級 ▶20次 | 高 級 ▶30次 |
|---|---|---|

## 1 仰臥手臂抬起

仰臥，手臂垂直伸出。雙腿請搭檔
壓住，或者勾住某處保持穩定。

穩定雙腳，手臂舉起與地板成垂直。

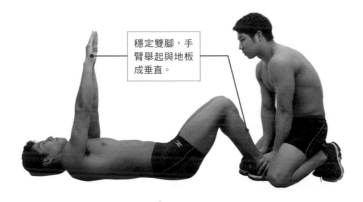

## 2

### 手臂伸直
### 抬起上半身

手臂垂直伸出，抬
起上半身。上半身
維持挺直的狀態，
手臂有意識地往正
上方高舉。

上半身抬起
45度即可。

45°

**Level up!**

## 手拿寶特瓶
## 提高負荷

光靠自身的重量所承受的負荷已經足夠，如果習慣後可以手拿寶特瓶提高負荷。尤其下腹部用力，抬起上半身時背部就不會拱起。

| | | | |
|---|---|---|---|
| **對游泳這個動作有幫助** | 抓水&划手 | 完成 | 恢復動作 | 打水 |

**對身體這個部位有幫助**

- 身體打直也會刺激腹肌下部，上半身整體都會緊實
- 腹肌緊實，身體就會有腰線
- 也會刺激背部，上半身整體都會緊實

# 轉體起身

腹肌運動加上扭轉來鍛鍊腹斜肌。
可以鍛鍊整個軀幹周圍。

初 級 ▶ 左右各5次　　中 級 ▶ 左右各10次　　高 級 ▶ 左右各15次

## 1 仰躺抓住手腕

腳稍微打開仰躺，手臂伸直，
抓住一隻手的手腕。

身體扭轉，有意識地刺激腹斜肌。

## 2 抬起上半身

慢慢抬起上半身。此時腳沒有固定，要注意別讓下半身抬起來。

## 3 手移到腳的外側

手腕伸直的手臂移到另一隻腳的外側，扭轉身體。另一邊也用同樣的方式進行。

| 對**游泳**這個動作有幫助 | | | | |
|---|---|---|---|---|
| |  抓水&划手 |  完成 |  恢復動作 |  打水 |

對**身體**這個部位有幫助
- 腹肌的動作加上扭轉，能刺激整個軀幹周圍
- 刺激軀幹能有效雕塑腹部周圍
- 和「流線型上半身抬舉」搭配進行會更有效

# V型上舉

▶Target!
● 腹部（腹直肌）
● 腰部（髂腰肌）

對腹肌施加更高負荷的訓練。
加強力道，發揮瞬間爆發力。

初級▶5次　　　中級▶10次　　　高級▶15次

## 1 以流線型仰躺

手臂與腳伸直，以流線型姿勢仰躺。
手臂和腳稍微離開地板，縮小腹緊縮
軀幹。

縮小腹緊
縮軀幹。

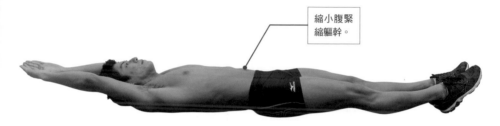

## 2 手臂和腳同時抬起

以腰部為支點，上半身與下半身同時
抬起。注意手肘和膝蓋不要彎曲。

# 3 觸碰腳部

直接用手觸碰腳部。利用反作用力也行,順勢將身體彎成V字形。身體僵硬的人碰不到也沒關係,注意雙腳不要彎曲。

下半身與上半身平均抬起最為理想。

| 對**游泳**這個動作有幫助 | 抓水&划手 | 完成 | 恢復動作 | 打水 |
| --- | --- | --- | --- | --- |

對**身體**這個部位有幫助
- 可同時鍛鍊腹肌上部與下部
- 腳抬起時使用的髂腰肌,對於矯正姿勢有良好的效果
- 這個訓練對於腰部的負擔很大。有腰痛的人做到**2**就行了

# 傾斜V型上舉

▶Target!
● 腹部（腹直肌、
　腹斜肌）

身體往左右其中一邊傾斜的狀態下進行「V型
上舉」。可刺激腹直肌與腹斜肌。

| 初 級 ▶5次 | 中 級 ▶10次 | 高 級 ▶15次 |

**1** 以流線型斜躺

採取流線型的姿勢，身體往左右其中一邊
抬起斜躺。身體撐在地板的那一側是支點。

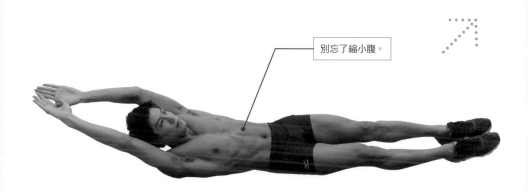

別忘了縮小腹。

## 2 手臂和腳抬起來

維持斜向抬起的姿勢，手臂和
腳同時抬起。

## 3 抬起身體

抬起上半身做出V字形。要意識
到刺激腹斜肌。

肩胛骨要確
實抬起離開
地面。

| 對**游泳**這個動作有幫助 | | | | |
|---|---|---|---|---|
| |  |  |  |  |
| | 抓水＆划手 | 完成 | 恢復動作 | 打水 |

**對身體這個部位有幫助**

- 腹斜肌承受較高的負荷，所以軀幹部分會緊實，可調整平衡感與姿勢
- 腹直肌能抑制身體前後傾斜，腹斜肌則能抑制左右傾斜，所以站姿、走路姿勢都會更好看
- 和「Ｖ型上舉」同樣是負荷較高的訓練。有腰痛的人切勿勉強

# 腹肌搖籃

身體彎曲，像搖籃般前後搖動。
鍛鍊腹肌以維持姿勢與身體的方向。

初 級 ▶5次　　中 級 ▶10次　　高 級 ▶15次

## 1 仰躺做出半圓形

仰躺在地板上，手伸到頭頂上，
手掌重疊。從這個狀態抬起肩膀
和雙腿。膝蓋與手肘要伸直。

用背部撐著，
想像身體做出
半圓形。

## 2 抬起身體

身體維持半圓形，抬起
上半身。

注意腳不要撐
在地板上。

# 3 往後倒

維持**2**的身體形狀，身體往後
倒。重複**2**～**3**。

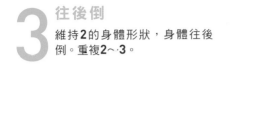

把身體當成是搖
籃，想像輕輕搖
晃的感覺。

| 對**游泳**這個<br>動作有幫助 | <br>抓水 & 划手 | <br>完成 | <br>恢復動作 | <br>打水 |
| --- | --- | --- | --- | --- |

**對身體這個**
部位有幫助

● 可鍛鍊軀幹以維持姿勢
● 前後搖晃，從腹肌上部到下部都能鍛鍊到
● 泳姿的阻力會變小，站姿也會變好看

# 腰背部仰臥起坐

►Target!
● 腹部（腹直肌）

腰撐在地板上，以肩膀抬起的狀態進行。
藉由細微的動作，重點鍛鍊腹肌下部。

初 級 ▶ 10次    中 級 ▶ 20次    高 級 ▶ 30次

## 1 雙腳打開抬起上半身

仰躺，雙腳打開與肩同寬，做出手
伸到兩腿中間的姿勢。手臂伸直，
肩胛骨離開地面。

從一開始就
採取肩膀抬
起的姿勢。

**NG**
✕

身體不能完全倒下，會
導致負荷重新計算，效
果就會減弱。

## 2 抬起身體

想像手臂以水平向前滑出，同時抬起身體。注意腳不要離開地面，有意識地刺激腹肌下部。抬起後回到 **1**，重複相同的動作。

手臂水平向前滑出。

對**游泳**這個動作有幫助

抓水 & 划手

完成

恢復動作

打水

對**身體**這個部位有幫助

- 和「腹肌搖籃」相同，能培養維持姿勢的力量
- 包含腹肌，軀幹周圍在游泳的任何動作都會用到
- 確實鍛鍊腹肌下部能預防腰痛
- 軀幹發揮如同緊身衣的作用，內臟也會回到正常位置，凸出的小腹也會變得平坦

# 背部側身移動

►Target!
●腹部（腹直肌、腹斜肌）

肩膀和腳抬起，維持「捲腹」的姿勢側身移動。扭轉軀幹，移動身體。

| 初 級 ▶4次 | 中 級 ▶8次 | 高 級 ▶12次 |

## 1 做出「捲腹」的姿勢

膝蓋彎成90度，雙腳抬起來，做出「捲腹」的姿勢。

## 2 肩膀抬起 上半身往側面挪動

肩膀抬起，扭轉軀幹，上半身往側面挪動。

抬起進行方向這邊的肩膀，再抬起另一邊的肩膀動作會比較順暢。

68

# 3 抬起腰部 臀部往側面挪動

腰部抬起扭轉身體，臀部往側面挪動。
重複這個動作，身體往正側面移動。

一開始動作不用太大。
動作小一點也無妨，確
實做好腹肌上部與下部
的扭轉動作。

| 對**游泳**這個<br>動作有幫助 |  |  |  |  |
|---|---|---|---|---|
| | 抓水 & 划手 | 完成 | 恢復動作 | 打水 |

對**身體**這個
部位有幫助

● 可以鍛鍊藉由腹直肌抬起身體的力氣，和藉由腹斜肌扭
　轉身體的力氣
● 完全運用軀幹的肌肉，不光是肌力，也能提高連動性
● 加上扭轉的動作，提高穩定身體的力量

►Target!

● 肩膀（肩胛骨、
三角肌、斜方肌）

# 肩胛骨滑動③

在仰躺的狀態，只有肩胛骨上下滑動。
進行時要確認肩膀是否有活動。

| 初 級 ▶10次 | 中 級 ▶20次 | 高 級 ▶30次 |

## 1 以雙手高舉的狀態仰躺

仰躺採取雙手高舉的狀態。縮
小腹讓軀幹緊縮。

**NG**

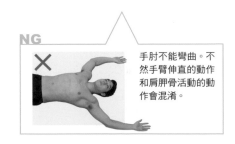

手肘不能彎曲。不
然手臂伸直的動作
和肩胛骨活動的動
作會混淆。

## 2 只有肩胛骨上下滑動

從肩胛骨活動，想像手臂往正上方伸直向上滑動。降下變回1的狀態，重複這個動作。

將肩胛骨靠在地板上，比較容易意識到肩膀的動作。

| 對**游泳**這個<br>動作有幫助 | <br>抓水&划手 | <br>完成 | <br>恢復動作 | <br>打水 |
| --- | --- | --- | --- | --- |

對**身體**這個部位有幫助

- 不是從肩膀活動手臂，若能意識到從肩胛骨活動手臂，在游泳須反覆划動手臂時，對肩關節的負擔就會減輕
- 尤其從入水到抓水的動作，肩胛骨若能確實活動就能抓到遠處的水
- 做出從肩胛骨伸直手臂的動作，就不易肩膀疼痛，此外也有助於消除肩膀痠痛

# 肩胛骨運動①

趴下，從肩膀降下的狀態讓肩胛骨靠近。
想像從游泳的完成到恢復動作。

初 級 ▶ 左右各5次　　中 級 ▶ 左右各10次　　高 級 ▶ 左右各15次

## 1 趴下，
手臂上下伸直

趴下，手臂上下伸直。

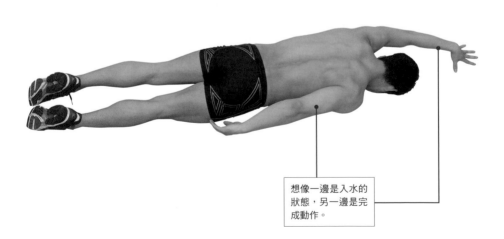

想像一邊是入水的
狀態，另一邊是完
成動作。

# 2 肩胛骨靠近 手臂舉起

手臂往下伸的這一邊肩胛骨靠近，
手臂舉起再下降。重複這個動作，
另一邊也用同樣方式進行。

不是只有手臂舉起，要
用肩胛骨從肩膀舉起整
隻手臂。

| 對**游泳**這個動作有幫助 | | | | |
|---|---|---|---|---|
| | 抓水&划手 | 完成 | 恢復動作 | 打水 |

**對身體這個部位有幫助**

● 可以鍛鍊肩胛骨周邊的全部肌肉
● 這個訓練是想像從游泳的完成動作轉移到恢復動作
● 從肩胛骨活動手臂，能減輕對肩關節的負擔，也能減少運動傷害

# 肩胛骨運動②

▶Target!
●肩膀（肩胛骨、三角肌、斜方肌）

想像恢復的動作。重點是肩胛骨靠近的動作。
在「肩胛骨運動①」之後接著進行。

初 級 ▶左右各5次　　中 級 ▶左右各10次　　高 級 ▶左右各15次

## 1 手臂往肩膀的正側面伸出

手臂從肩膀正側面稍微往下伸出，手肘略微彎曲。

結束「肩胛骨運動①」之後，可以直接進行這個運動。

## 2 肩胛骨靠近舉起手臂

手臂的動作不變，肩胛骨靠近舉起手臂。舉完回到原位。重複這個動作，另一邊也用同樣方式進行。

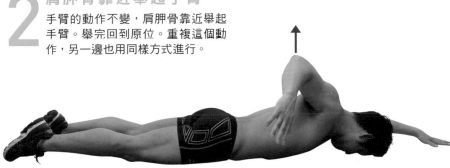

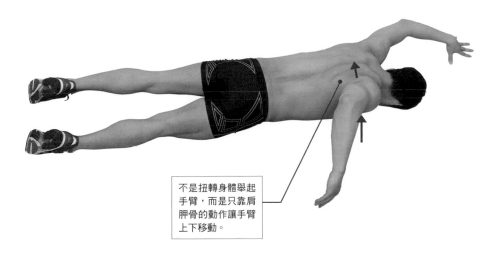

不是扭轉身體舉起手臂，而是只靠肩胛骨的動作讓手臂上下移動。

| 對**游泳**這個動作有幫助 | | | | |
|---|---|---|---|---|
| | 抓水&划手 | 完成 | 恢復動作 | 打水 |

對**身體**這個部位有幫助
- 想像游泳的恢復動作的肩胛骨訓練
- 可以鍛鍊肩膀周圍與背部整體的肌肉
- 在恢復動作使用肩胛骨，身體不易左右偏移，能夠筆直地游泳

# 肩胛骨運動③

想像從恢復動作到入水為止。
使用肩胛骨大幅活動肩膀，抓起遠處的水。

初　級 ▶ 左右各5次　　中　級 ▶ 左右各10次　　高　級 ▶ 左右各15次

## 1 俯臥，
兩臂往上伸

在地板上俯臥，兩臂往上伸。
一隻手臂的肩胛骨靠近，手肘
彎曲，指尖直立在地板上。

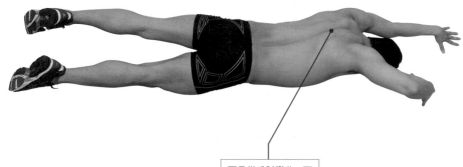

不是從手肘彎曲，而
是想像肩胛骨靠近，
結果帶動手肘彎曲。

# 2 手臂前伸

從肩胛骨靠近的狀態，手臂從肩胛骨往前伸。伸到底再回到原位。重複這個動作。

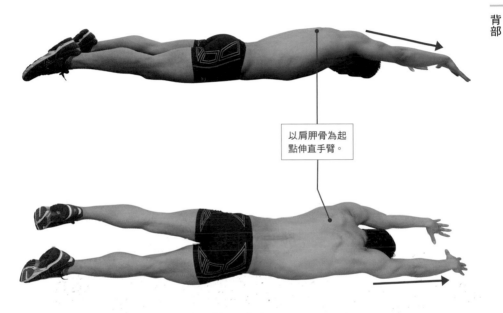

以肩胛骨為起點伸直手臂。

| 對**游泳**這個動作有幫助 |  |  |  |  |
|---|---|---|---|---|
| | 抓水＆划手 | 完成 | 恢復動作 | 打水 |

對**身體**這個部位有幫助

● 可以做到從恢復動作轉移到入水的動作
● 連續進行「肩胛骨運動」①、②、③，就能完成下降（降下的動作）、內旋（靠近的動作）、上舉（舉起的動作）的所有動作
● 鍛鍊整個背部的肌肉，讓手臂從肩胛骨活動

# 同位運動

▶Target!
● 肩膀（肩胛骨、
　三角肌、斜方肌）

想像自由式的動作。扭轉身體活動肩胛骨等，
在陸上重現自由式的動作。

初　級 ▶ 左右各5次　　中　級 ▶ 左右各10次　　高　級 ▶ 左右各15次

## 1 趴下做出自由式的姿勢

俯臥做出自由式的動作。意識到手
腳的動作，縮小腹緊縮腹部。

左腳腳尖撐在地板上
（打水的下踢）。

左手往下伸，手肘
彎曲（完成）。

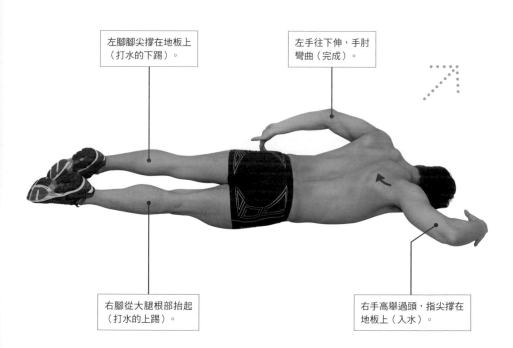

右腳從大腿根部抬起
（打水的上踢）。

右手高舉過頭，指尖撐在
地板上（入水）。

# 2 做出自由式動作

左手肩胛骨下降手臂伸直，右手肩胛骨上抬手臂伸直。左腳腳尖壓在地板上，右腳輕輕抬起。重複這個動作，另一邊也以同樣方式進行。

> 活動某處的肌肉，同時也會牽動其他部位的肌肉。一邊感受整體的連動性一邊進行。

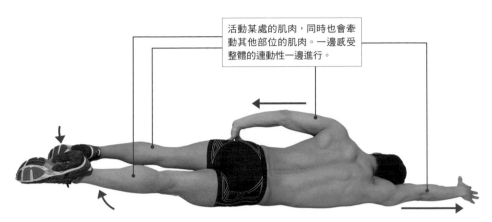

## Point

### 接近 自由式的姿勢

重點是與實際自由式的動作時機點相近。可以請別人看看自己的動作。

| 對**游泳**這個動作有幫助 |  抓水&划手 |  完成 |  恢復動作 |  打水 |
|---|---|---|---|---|

對**身體**這個部位有幫助

- 對自由式基本動作中使用的肌肉帶來刺激
- 能夠記住背部肌肉全部一起連動的動作感覺
- 包含細微部分，背部進行複數動作，提高肌肉的連動性

# 背肌搖籃

「腹肌搖籃」的背肌版本。
持續使用背部肌肉，可鍛鍊維持姿勢的肌肉。

初 級 ▶ 5次　　　　中 級 ▶ 10次　　　　高 級 ▶ 15次

## 1 趴下抓住腳掌

變成趴下的姿勢彎曲膝蓋，
手往後抓住腳掌。

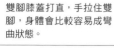

雙腳膝蓋打直，手拉住雙腳，身體會比較容易成彎曲狀態。

# 2

## 彎起身體

腳往後伸，彎起上半身。

# 3

## 往頭部方向搖動

利用身體彎起的反作用力，往頭部方向搖動。

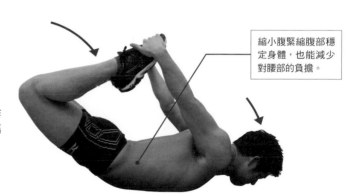

縮小腹緊縮腹部穩定身體，也能減少對腰部的負擔。

對**游泳**這個動作有幫助

抓水 & 划手

完成

恢復動作

打水

對**身體**這個部位有幫助

● 這是持續使用背肌的訓練，可以培養維持姿勢的肌力
● 同時縮小腹，可以減輕對腰部的負擔，也能刺激背肌
● 鍛鍊背肌就能以穩定的姿勢游泳

# 背部伸展平衡訓練

四肢著地,抬起對角線上的手臂與腳,
重複背部拱起與伸直,可鍛鍊背部肌肉。

▶**Target!**
●背部(背闊肌)
●肩膀(肩胛骨)
●屁股(臀部)
●大腿
　(大腿後肌)

初 級 ▶ 左右各5次　　中 級 ▶ 左右各10次　　高 級 ▶ 左右各15次

## 1 四肢著地 手臂與腳抬起

從四肢著地的姿勢,抬起右臂
和左腳。手臂的拇指朝上。從
指尖到腳尖保持水平的姿勢。

從指尖到腳尖維
持一直線。

## 2 手肘與膝蓋靠攏

注意不要失去平衡,右手肘和
左腳膝蓋靠攏。如果縮小腹就
不易失去平衡。另一邊也以同
樣方式進行。

**Level up!**

## 抬起腳尖

提高平衡感之後，抬起支撐的那隻腳腳尖，只用膝蓋支撐身體。
身體會不穩定，更能鍛鍊以軀幹為中心的背部肌肉。

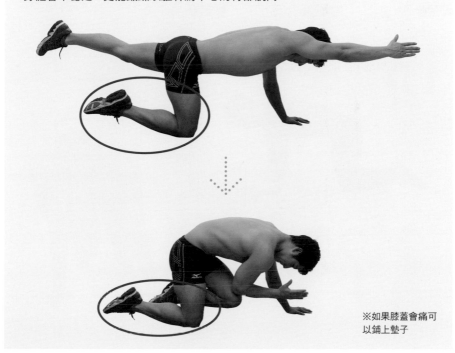

※如果膝蓋會痛可
以鋪上墊子

| 對**游泳**這個<br>動作有幫助 |  |  |  |  |
|---|---|---|---|---|
| | 抓水＆划手 | 完成 | 恢復動作 | 打水 |

對**身體**這個
部位有幫助

● 可以鍛鍊軀幹，同時培養平衡感
● 手臂伸出時能刺激肩胛骨周邊的背部肌肉；腳伸出時能
　刺激臀部與大腿後肌等內側的肌肉
● 刺激背部整體的肌肉也能矯正駝背
● 還能有效調整身體平衡與狀況，針對腰痛等的效果更是
　顯著

# 胸廓轉動

以四肢著地的姿勢胸廓大幅轉動。
打開、閉合肩胛骨，只轉動胸廓部分。

初 級 ▶5次　　　中 級 ▶10次　　　高 級 ▶15次

## 1 四肢著地

背部與地板成水平，採取四肢
著地的姿勢。

## 2 胸廓往左移動

只有胸廓往左移動。注意背部
高度不變。

## 3 胸廓下降

胸廓下降。肩胛骨靠近，隨著這個
動作有意識地讓胸部下降。

肩胛骨靠近，結果會
意識到胸廓下降。

**4** 胸廓往右移動

胸廓往右側移動。想像慢慢地旋轉。

**5** 胸廓抬起

胸廓抬起。肩胛骨打開，隨著這個動作有意識地讓胸部抬起。注意頭與腰部的高度不要改變太多。

胸部轉動時畫一個大圓會更有效。

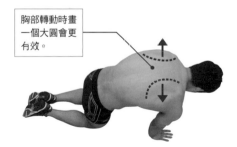

| 對**游泳**這個動作有幫助 | | | | |
|---|---|---|---|---|
| |  抓水&划手 |  完成 |  恢復動作 |  打水 |

對**身體**這個部位有幫助

- 活動肩胛骨，背部肌肉可以和胸廓動作連動
- 鍛鍊胸廓與肩膀周圍的肌肉，也能提高柔軟度
- 胸廓肌力與柔軟度提升後，肺部會容易鼓起，呼吸也會變得輕鬆

85

# 臀部走路

**►Target!**
- 屁股
  （骨盆、臀部）
- 腰部（髂腰肌）

從兩腿伸直坐著的狀態抬腳，骨盆往左右扭動
並用臀部走路。要意識到骨盆周邊的肌肉。

初 級 ► 左右各5步　　中 級 ► 左右各10步　　高 級 ► 左右各15步

## 1 兩腿伸直坐著抬腳

兩腿伸直坐著抬腳。形成只有
臀部撐在地板上的狀態。

## 2 抬起臀部前進

保持身體平衡，抬起一邊的屁
股向前進。

# 3 抬起屁股的
另一邊前進

另一邊的屁股也同樣抬起
來向前進。

注意身體的
中心軸不要
偏移。

對**游泳**這個
動作有幫助

抓水 & 划手

完成

恢復動作

打水

對**身體**這個
部位有幫助

● 鍛鍊骨盆周圍整體的肌肉，同時也能培養身體的平衡感
● 可提高臀部肌肉與骨盆周圍肌肉的連動性
● 若能自由使用骨盆周圍的肌肉便可預防腰痛

# 反向
# 捲腹仰臥起坐

從「捲腹」的姿勢抬起骨盆。
一邊鍛鍊腹肌,一邊意識到骨盆周邊。

▶Target!
● 屁股
　（骨盆、臀部）
● 腰部（髂腰肌）
● 腹部（腹直肌）

初級 ▶ 10次　　　中級 ▶ 20次　　　高級 ▶ 30次

## 1 以「捲腹」姿勢縮小腹

膝蓋彎成90度,雙手環抱放在後腦
勺,做出「捲腹」姿勢。

別忘了縮小腹緊縮軀幹。

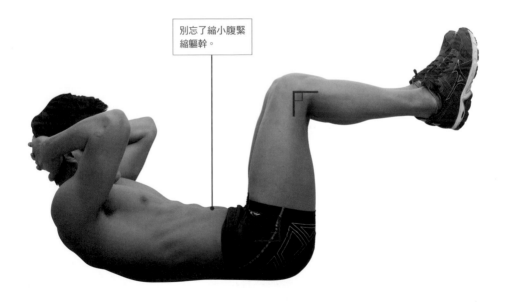

# 2 抬起臀部

想像膝蓋往正上方抬起,只有臀部抬起來。

意識到下腹部與大腿根部,訣竅是骨盆往後傾,臀部緊縮。

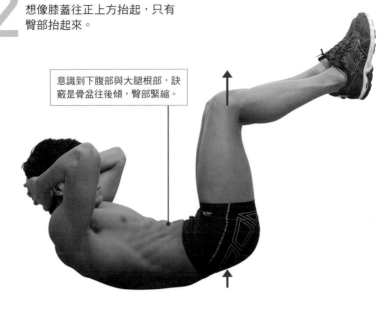

NG

手不能抱住膝蓋,因為會導致骨盆無法發揮作用。

| 對**游泳**這個動作有幫助 | 抓水 & 划手 | 完成 | 恢復動作 | 打水 |
|---|---|---|---|---|

| 對**身體**這個部位有幫助 | ● 抬起臀部時加入骨盆向後傾的動作,就能「雕塑」骨盆周圍的動作<br>● 若使用骨盆周圍的肌肉,兩隻腳就能強力地打水<br>● 同時也會鍛鍊下腹部,腹部周圍會變得緊實 |
|---|---|

# 骨盆前傾後傾

►Target!

● 臀部（骨盆）

在站立的狀態下只活動骨盆。活動骨盆提高柔
軟度，也能鍛鍊下腹部與腰部的肌肉。

初級 ▶10次　　中級 ▶20次　　高級 ▶30次

## 1 站直縮小腹

縮小腹緊縮軀幹，做
出站直的姿勢。

## 2 骨盆向前傾

腰部用力，讓骨盆
向前傾。

重點是頭與肩膀
的位置不變。

**NG**

✕

上半身前傾，只有臀部凸
出的樣子並不好。

# 3

## 骨盆向後傾

有意識地讓下腹部變扁平，使骨盆向後傾。

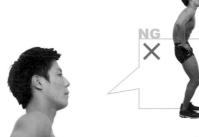

NG

╳

膝蓋不要彎曲，背部也不能拱起。頭與肩膀的位置不動，只有骨盆移動。

肩膀與頭的位置不變，不妨想像臀部緊縮。

→

---

對**游泳**這個動作有幫助 ▶

抓水 & 划手

完成

恢復動作

打水

---

對**身體**這個部位有幫助 ▶

● 打水的下踢會用到後傾的動作，上踢則是會用到前傾的動作
● 活動骨盆能使下腹部緊實
● 骨盆的柔軟度提高後也能預防腰痛

# 骨盆迴旋

在站立的狀態讓骨盆迴旋。骨盆前後左右活動可提高柔軟度，並鍛鍊活動骨盆的肌肉。

▶Target!
● 臀部（骨盆）

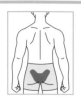

初級 ▶5次　　中級 ▶10次　　高級 ▶15次

## 1 站直縮小腹
在站直的狀態縮小腹。緊縮軀幹。

連同下腹部同時意識到活動右側身體。

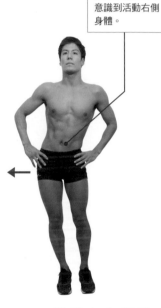

## 2 骨盆向右滑動
頭與肩膀的位置不變，只有骨盆向右滑動。

## 3 骨盆向前傾
骨盆慢慢地旋轉向前傾。

## 4 骨盆向左滑動

骨盆慢慢地向左側旋轉。要注意頭與肩膀的位置不能動。

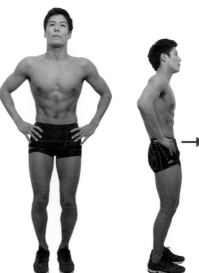

## 5 骨盆向後傾

讓骨盆向後傾。想像用屁股畫圓。

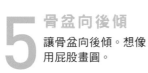

| 對**游泳**這個<br>動作有幫助 | <br>抓水＆划手 | <br>完成 | <br>恢復動作 | <br>打水 |
| --- | --- | --- | --- | --- |

對**身體**這個部位有幫助

- 加上向左、右滑動，提高骨盆的柔軟度，同時也能鍛鍊肌肉
- 旋轉骨盆的動作與各種肌肉連動，對腹部周圍也有很高的雕塑效果
- 骨盆的柔軟度能讓姿勢挺直，也具有預防腰痛的效果

# 貓背

利用「骨盆前傾後傾」活動上半身。
胸廓與肩胛骨也會配合骨盆連動。

| 初 級 ▶10次 | 中 級 ▶20次 | 高 級 ▶30次 |

## 1 四肢著地縮小腹

四肢著地，縮小腹緊縮軀幹。

## 2 只有骨盆向前傾

只有骨盆向前傾，腰背部呈現出向後彎的狀態。

> 注意身體不要偏斜或腹部凸出。

## 3 骨盆向後傾

背部配合骨盆向後傾的動作拱起。同時也打開肩胛骨。

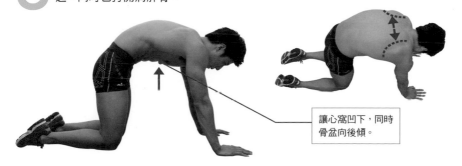

> 讓心窩凹下，同時骨盆向後傾。

---

**對游泳這個動作有幫助**

 抓水&划手　 完成　 恢復動作　 打水

**對身體這個部位有幫助**

- 可以培養打水時所使用的骨盆動作，與肩胛骨及軀幹等上半身動作連動的感覺
- 骨盆向後傾時，會打開肩胛骨並拱起背部，也有伸展背部肌肉的效果
- 背部伸展對腰痛也很有效
- 骨盆向前傾時吸氣，向後傾時慢慢吐氣，也有提振精神的效果

# 胸廓前後滑動

**▶Target!**
- 臀部（骨盆）
- 胸部（胸廓）
- 腹部（腹直肌）

站直打開閉合胸廓。雖然滑動的是胸廓，
不過固定骨盆周圍也是一大重點。

| 初　級 ▶10次 | 中　級 ▶20次 | 高　級 ▶30次 |

## 1 手輕輕打開

站直手輕輕打開。這時縮小腹
緊縮腹部，骨盆不要移動。

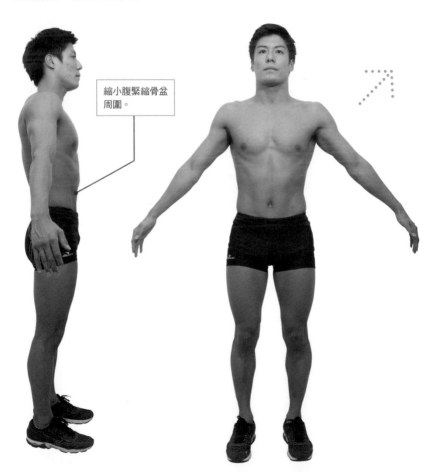

縮小腹緊縮骨盆
周圍。

## 2 只有胸廓向後移動

手臂稍微向前，相反地胸廓往後彎。感覺心窩刻意地被按壓。骨盆固定，只有胸廓移動。

注意骨盆不要移動。

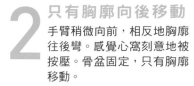

手臂向後時肩胛骨閉合，手臂向前時則肩胛骨打開。

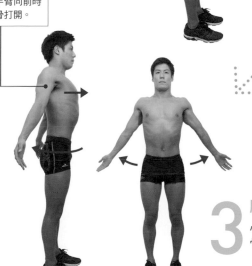

## 3 胸廓向前凸出

心窩向前凸出，胸廓向前推。骨盆不要前傾，縮小腹固定。

---

| 對**游泳**這個動作有幫助 |  |  |  |  |
| :---: | :---: | :---: | :---: | :---: |
| | 抓水&划手 | 完成 | 恢復動作 | 打水 |

對**身體**這個部位有幫助

- 一邊打水一邊做出完成與恢復動作，能學會使用身體的方式
- 學會一邊固定骨盆，一邊活動其他部位的感覺
- 骨盆周圍穩定能提高平衡感，減少絆倒或跌倒的情形

# 胸廓左右滑動

**▶Target!**
● 臀部（骨盆）
● 胸部（胸廓）
● 腹部（腹直肌）

胸廓左右滑動。骨盆周圍固定，
下半身不要移動。

初 級 ▶ 左右各5次　　　中 級 ▶ 左右各10次　　　高 級 ▶ 左右各15次

## 1 站直縮小腹

兩手插腰站直。和「胸廓前後
滑動」時相同，縮小腹讓骨盆
穩定。

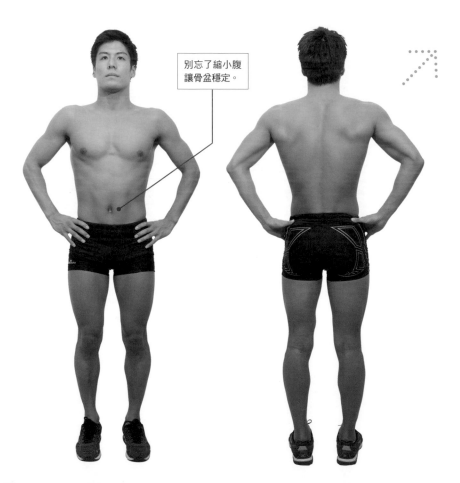

別忘了縮小腹
讓骨盆穩定。

## 2 胸廓滑動

沒有從骨盆往下移動，只有胸廓往右滑動。

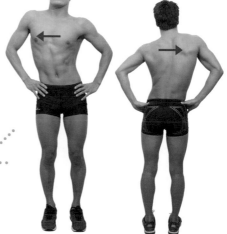

肩膀不要抬起，只有胸部要往正側面滑動。

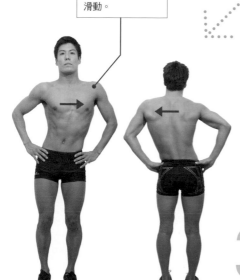

## 3 往另一側滑動

和向右滑動相同，也往另一側滑動。骨盆確實固定。

---

**對游泳這個動作有幫助**

抓水 & 划手

完成

恢復動作

打水

---

**對身體這個部位有幫助**

- 和「胸廓前後滑動」相同，下半身穩定能提高上半身動作的效率
- 對軀幹斜向刺激，就能打造扭力強的軀幹
- 「胸廓前後滑動」和「胸廓左右滑動」搭配，可以鍛鍊骨盆各方向的動作
- 骨盆穩定後，在行走或奔跑時都能維持漂亮的姿勢

# 軀幹波浪

從流線型姿勢彎曲軀幹呈現波浪。
這是骨盆周圍動作的最後收尾。

▶Target!
● 臀部（骨盆）
● 肩膀（肩胛骨）
● 腹部（腹直肌、
　腹斜肌）

| 初　級 ▶10次 | 中　級 ▶20次 | 高　級 ▶30次 |

## 1 做出流線型姿勢

手臂高舉到正上方，做出流線型姿勢。
從側面看來，指尖到雙腳成一直線的姿
勢最為理想。

> 指尖到雙腳呈現筆直
> 的狀態。在水中這個
> 「流線型」姿勢愈漂
> 亮就能游得愈快。

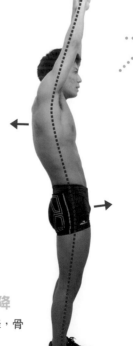

## 2 胸廓往斜後方下降

胸廓慢慢地往斜後方下降，骨
盆向後傾。

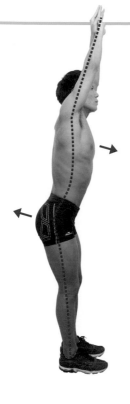

# 3

## 胸廓推向斜前方

胸廓往斜前方凸出移動。相反
地骨盆要往前傾。

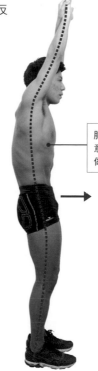

胸廓、骨盆依序有
意識地移動，就能
做出漂亮的波浪。

# 4

## 軀幹配合胸廓
## 做出波浪

重複**2**、**3**的動作，
軀幹做出波浪。

---

| 對**游泳**這個<br>動作有幫助 |  |  |  |  |  |
|---|---|---|---|---|---|
| | | 抓水&划手 | 完成 | 恢復動作 | 打水 |

---

**對身體這個
部位有幫助**

- 從前面的訓練中學會的骨盆動作、胸廓動作全部連動
- 若能做出順暢的波浪，就證明了軀幹與骨盆的動作確實
  連動
- 軀幹與骨盆能夠連動之後，也能預防腰痛
- 可以學會對蝶式與仰式的打水很有效的身體使用方式

# 窄距
# 伏地挺身

縮小「雙臂屈伸」的手臂寬度進行。
肱三頭肌會承受更大的負荷。

▶Target!
- 手臂
  （肱三頭肌）
- 背部（背闊肌、三角肌）
- 胸部（大胸肌）

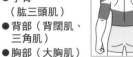

| 初 級 | 4組 | 中 級 | 8組 | 高 級 | 10組 |

## 1　兩手打開與肩同寬撐在地板上

兩手打開與肩同寬，趴下以腳尖和手支撐身體。
這時從頭到雙腳保持一直線的姿勢。

注意屁股不要翹起來
或腰部向後彎。

## 2　手肘彎曲身體降低

維持挺直的姿勢，手肘彎到臉幾乎
貼到地面，再回到1的狀態。

可以鍛鍊肱三頭肌。要意識到
受到刺激的部位與「雙臂屈伸
&抬腿」不同。

# 3 撐起身體抬起一隻腳

做了兩次**2**後，在**1**的狀態將一隻腳輕輕抬起、放下。至此為一組。左右腳互換重複**1**～**3**。

注意腰部不要向後彎，膝蓋不要彎曲。

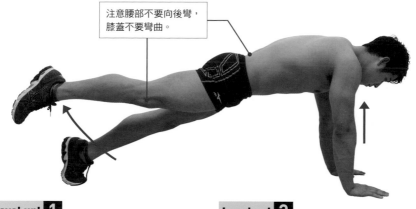

## Level up! 1

### 手肘彎曲腳抬起來

在**3**的抬腿動作時，在**2**手肘彎曲身體降低的狀態下抬腳，對上半身的負荷會再增加。

## Level up! 2

### 腳抬起後往側面滑動

在Level up!❶抬腳後，腳直接往側面滑動。這樣容易失去平衡，負荷也會提高。有餘力不妨挑戰看看。

| 對**游泳**這個動作有幫助 |  抓水&划手 |  完成 |  恢復動作 |  打水 |
|---|---|---|---|---|

**對身體這個部位有幫助**

- 刺激推水時使用的肱三頭肌，能有效提升速度
- 比「雙臂屈伸＆抬腿」對肱三頭肌的負荷更大，可以有效鍛鍊
- 練出肱三頭肌，手臂看起來會更緊實

# 椅上撐體

手撐在椅子或較低的檯子上,放低身體。
比「窄距伏地挺身」更能刺激肱三頭肌。

初級 ▶ 10次　　中級 ▶ 20次　　高級 ▶ 30次

**1** 背對檯子
雙手支撐

手撐在椅子或較低的檯子上,
腳跟撐在地上支撐身體。腳尖
朝向天花板。

**2** 手肘彎成90度

手肘彎曲身體降低。手肘角度
為90度。注意此時膝蓋不要
彎曲。

## Level up! 1

### 準備檯子來撐腳

腳抬起來會提高負荷。準備一個與手撐的檯子高度相同的檯子，把腳放上去。如果檯子比手還高，反而會降低負荷。

## Level up! 2

### 由搭檔扶著自己的腳

由搭檔扶著自己的腳，負荷便會再提高。手肘彎曲的同時，扶著的腳也跟著下降。以手肘彎成90度的高度為標準。

---

| 對**游泳**這個<br>動作有幫助 |  |  |  |  |
|---|---|---|---|---|
| | 抓水 & 划手 | 完成 | 恢復動作 | 打水 |

---

對**身體**這個部位有幫助

- 這個訓練比「窄距伏地挺身」更能直接刺激肱三頭肌
- 訓練的動作本身接近游泳的完成動作，能以接近在水中的感覺鍛鍊
- 彎曲手臂時肩胛骨也會活動，能提高肩膀周圍的柔軟度與肌力
- 也會刺激肱二頭肌，整隻手臂會顯得健壯

# 正面橋式

以手和腳尖的兩點支撐身體。
加入移動腳的動作還能提高平衡感。

▶**Target!**
● 肩膀（三角肌、
　肩胛骨）
● 胸部（大胸肌）
● 腹部（腹直肌、
　腹斜肌）

初 級 ▶左右各5次　　中 級 ▶左右各10次　　高 級 ▶左右各15次

## 1 用手和腳尖支撐身體

從頭到腳挺直，用手和腳尖支撐
身體。別忘了縮小腹緊縮軀幹。

## 2 一隻腳微微上下擺動

維持挺直的狀態，一隻腳抬起微
微上下擺動。另一隻腳也以同樣
方式進行。

**NG**

注意身體不要向後彎，
或彎成〈字形。

## Level up! **1**

### 用手肘支撐身體

不用手，而是用手肘支撐身體，可以提高對軀幹的負荷。

## Level up! **2**

### 一手舉起保持平衡

在**1**的姿勢，拇指朝上舉起一隻手。若能撐著不失去平衡，維持挺直的狀態，就能提升平衡感。

---

| 對**游泳**這個動作有幫助 |  抓水&划手 |  完成 |  恢復動作 |  打水 |
|---|---|---|---|---|

**對身體這個部位有幫助**

- 以刻意失去平衡再用力撐著的訓練來打造軀幹
- 持續維持姿勢挺直訓練出的力氣，在游泳減少水的阻力時是必要的
- 能夠緊縮軀幹部分，無論何種狀態都能維持漂亮的姿勢，站姿與走路姿勢都會變好看

# 後橋式

與「正面橋式」相反,利用背部維持姿勢。
注意背部不要過度後彎。

- 手臂
  (肱三頭肌)
- 肩膀(三角肌)
- 屁股(臀部)
- 大腿
  (大腿後肌)

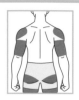

初級 ► 左右各5次　　中級 ► 左右各10次　　高級 ► 左右各15次

## 1 用手和腳跟支撐身體

在仰起的狀態用腳跟和手支撐身體。
從頭到腳做出挺直的姿勢。

視線朝上,從頭到腳
跟保持挺直。

NG
✕

屁股不能著地。
不然對腳的負擔
會消失。

# 2 一隻腳微微地上下擺動

一隻腳抬起微微地上下擺動。腰部不
要降低或後彎，保持姿勢挺直。

屁股緊縮，有意識
地從大腿後肌根部
擺動。

NG
×

縮下巴腰部會
容易下降。注
意視線要盯著
正上方。

| 對**游泳**這個<br>動作有幫助 |  |  |  |  |
|---|---|---|---|---|
| | 抓水＆划手 | 完成 | 恢復動作 | 打水 |

對**身體**這個
部位有幫助

- 搭配「正面橋式」，身體前面與背面就能均衡地鍛鍊
- 使用身體背面維持身體的力氣，也有調整姿勢的效果
- 臀部、大腿後肌緊實，就能輕鬆走長距離

# 手臂彎舉

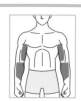

►Target!
● 手臂（肱二頭肌、前臂）

鍛鍊肱二頭肌。從較輕的負荷開始，
意識到肱二頭肌，再慢慢地加重負荷。

| 初 級 ▶10次 | 中 級 ▶20次 | 高 級 ▶30次 |

**1 兩手拿著寶特瓶**

兩手拿著寶特瓶。這時縮小腹
緊縮軀幹，做出挺直的姿勢。

**2 兩臂同時舉起**

兩臂同時舉起寶特瓶，手肘確
實彎曲。舉起時軀幹也要緊
縮，身體不要向後彎。

## Level up! **1**

### 兩臂交互進行

兩臂交互進行，只使用肱二頭肌能重點式地施加負荷。

## Level up! **2**

### 手臂迴旋

旋轉寶特瓶能徹底鍛鍊肱二頭肌到三角肌。尤其游泳有很多手臂的迴旋運動，對於划手動作是很有效的訓練。

| 對**游泳**這個動作有幫助 | | | |
|---|---|---|---|
|  抓水&划手 |  完成 |  恢復動作 |  打水 |

對**身體**這個部位有幫助

- 鍛鍊游泳時抓水與划手的時候所用的肌肉
- 這個部位能練出手臂的肌肉疙瘩，肌肉發達看起來會更加健壯
- 這是提東西時經常使用的肌肉。連沉重的皮包也能輕鬆手提

# 三頭肌
# 背後直臂上舉

▶Target!

● 手臂
　（肱三頭肌）

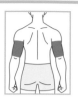

重點鍛鍊肱三頭肌（三頭肌）。
背部保持挺直，上半身從腰部彎成90度。

初 級 ▶ 左右各5次　　　中 級 ▶ 左右各10次　　　高 級 ▶ 左右各15次

## 1 手撐著上半身向前彎

上半身向前彎，手撐在椅子等較低
的檯子上。拿著寶特瓶的那隻手臂
彎曲，緊貼在身體側面。

進行時別忘了要縮
小腹，如此能夠支
撐上半身，也能更
集中刺激手臂。

# 2 手肘伸直

上半身固定，手臂貼住身體側面，拿著寶特瓶的手臂伸直。

**NG**

×

不能打開腋下，否則對肱三頭肌就無法產生效用。

對**游泳**這個動作有幫助

抓水&划手

完成

恢復動作

打水

對**身體**這個部位有幫助

● 可以重點鍛鍊肱三頭肌
● 縮小腹緊縮上半身，可以做出接近游泳完成動作的情況
● 上臂的動作會變好，可以給人輕快的印象

# 屈腕上抬練習

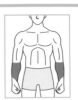

手臂固定只有手腕活動，重點鍛鍊前臂。
手腕上下筆直地活動。

初 級 左右各5次　　中 級 左右各10次　　高 級 左右各15次

## 1 坐著手拿寶特瓶

在坐下的狀態手拿寶特瓶。前臂放在膝蓋上面，另一隻手握住手腕。

## 2 寶特瓶降下

只活動手腕，將寶特瓶往下降。

## 3 舉起寶特瓶

只活動手腕，舉起
寶特瓶。

## 4 改變手掌的方向

改變手掌的方向變成朝下，以
同樣方式進行。可刺激前臂內
側。

| 對**游泳**這個<br>動作有幫助 ▶ | <br>抓水＆划手 | <br>完成 | <br>恢復動作 | <br>划水 |
|---|---|---|---|---|

對**身體**這個
部位有幫助

- 可以鍛鍊游泳的抓水＆划手、完成動作中所使用的前臂
- 搭配兩隻手掌的方向，可以完整刺激前臂
- 前臂也會影響握力，提行李變得更輕鬆、持久

▶Target!
● 手臂
　（肱三頭肌）

# 三頭肌運動

以站著的姿勢鍛鍊肱三頭肌。
縮小腹緊縮軀幹，注意身體不要偏移。

初 級 ▶ 左右各5次　　中 級 ▶ 左右各10次　　高 級 ▶ 左右各15次

## 1 手拿寶特瓶向後旋轉

手拿寶特瓶轉到後腦杓。另一隻
手撐住手肘避免移動。

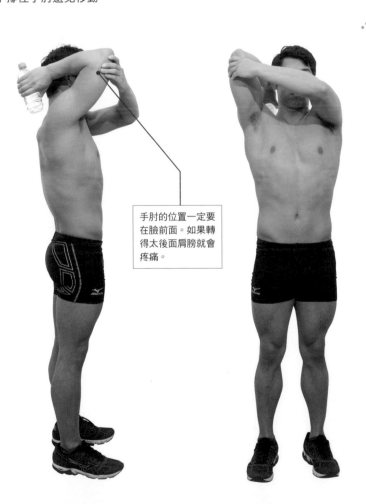

手肘的位置一定要
在臉前面。如果轉
得太後面肩膀就會
疼痛。

# 2

## 手肘伸直

手臂伸直。縮小腹
緊縮軀幹,讓身體
穩定就不易偏移。

由另一隻手支撐手肘,
避免讓位置移動。注意
身體也不可偏移,縮小
腹緊縮腹部。

對**游泳**這個
動作有幫助

抓水 & 划手

完成

恢復動作

打水

對**身體**這個
部位有幫助

● 這個訓練能鍛鍊游泳的完成動作中所使用的肱三頭肌
● 站立時上半身會不穩定,要一邊緊縮軀幹一邊記住活動
　手臂的感覺
● 即使拿著的物體較輕也有絕佳的訓練效果。用輕一點的
　寶特瓶也可以

# 向後抬腿

初學者游泳時下半身容易沉沒。
如果鍛鍊臀部與大腿後肌就可以避免。

初 級 ▶10次　　中 級 ▶20次　　高 級 ▶30次

## 1 趴著做出游泳姿勢

趴下，做出游泳時的姿勢。手
的指尖立在地板上。在這個狀
態縮小腹。

## 2 抬起一隻腳

抬起一隻腳。膝蓋不要彎曲，
使用臀部與大腿後肌，意識到
從大腿根部活動。

使用大腿後肌抬腳，從
大腿根部活動。

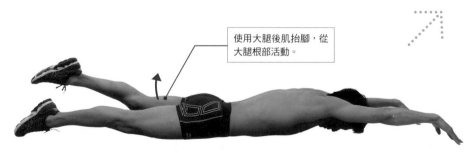

# 3 抬起另一隻腳

抬起另一隻腳。腳抬得太高會對腰部造成負擔，所以動作要小一點。如此重複當成雙腳交替打水動作。

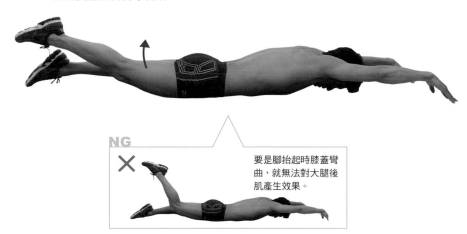

**NG**

×

要是腳抬起時膝蓋彎曲，就無法對大腿後肌產生效果。

**Level up!**

## 雙腳同時抬起

不妨試試雙腳同時抬起的方法，會變成蝶式的打水。

---

| 對**游泳**這個動作有幫助 |  抓水 & 划手 |  完成 |  恢復動作 |  打水 |
|---|---|---|---|---|

---

對**身體**這個部位有幫助

- 可以讓在水中容易下沉的下半身浮起，有意識地鍛鍊打水動作
- 兩腿內側是支撐身體所需的肌肉
- 鍛鍊臀部與大腿後肌等腿部內側，就會打造一雙美腿
- 臀部、大腿後肌的肌肉能使站姿與走路姿勢變好看

# 單腳微蹲

維持挺直的姿勢，單腳微蹲。
這個動作需要平衡感，也能鍛鍊軀幹。

| 初　級 | 左右各5次 | 中　級 | 左右各10次 | 高　級 | 左右各15次 |

# 1

## 單腳向前抬起

兩手高舉做出流線型
姿勢，單腳直接輕輕
抬起。

別忘了縮小腹。緊
縮軀幹維持上半身
的姿勢。

120

# 2

## 另一隻腳膝蓋彎曲

維持上半身姿勢，另一隻腳膝蓋彎成45度。注意上半身不要往前傾，身體也不可以往左右偏移。兩隻腳都要進行此動作。

維持上半身挺直的姿勢。一邊維持流線型，對下半身施加負荷。

45°

| | | | |
|---|---|---|---|
| **對游泳這個動作有幫助** |  抓水&划手 |  完成 |  恢復動作 |  打水 |

**對身體這個部位有幫助**

- 一邊維持流線型姿勢，一邊鍛鍊下半身的訓練
- 可以提高平衡感，並記住緊縮軀幹同時活動腳部的動作
- 對整個身體的負荷不大，但是訓練本身的負荷已經足夠
- 走路、蹲下、起身等平常的動作也會變得順暢

# 仰臥抬腿推腰

►Target!
● 屁股（臀部）
● 大腿
（大腿後肌）

鍛鍊臀部與大腿後肌，培養維持姿勢挺直的力量。抬起腰部可鍛鍊下半身背面。

初級 ▶ 10次　　中級 ▶ 20次　　高級 ▶ 30次

## 1 膝蓋彎曲仰躺

膝蓋彎曲仰躺。上半身縮小腹緊縮軀幹。

別忘了縮小腹緊縮軀幹。

## 2 屁股抬起來

抬起臀部，從肩膀到膝蓋形成一直線。

訣竅是有意識地緊縮臀部，慢慢地進行。

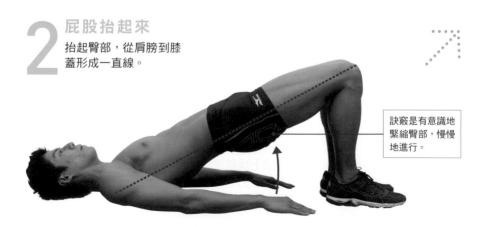

## Level up! **1**

### 以流線型姿勢進行

手臂高舉過頭，以流線型姿勢進行，支撐上半身的支點只有肩膀，臀部抬起時負荷會變高。

## Level up! **2**

### 抬起腿部

在Level up!❶抬起臀部後再抬起一隻腳，可以培養平衡感。腳伸直，到腳尖為止形成一直線。

| 對**游泳**這個動作有幫助 | | | | |
|---|---|---|---|---|
| |  |  |  |  |
| | 抓水＆划手 | 完成 | 恢復動作 | 打水 |

對**身體**這個部位有幫助
- ● 可以鍛鍊在不穩定的水中維持漂亮流線型所需要的部位
- ● 可以提高在陸上維持挺直良好姿勢的力量
- ● 也能提高臀部用力，縮小腹緊縮軀幹的意識
- ● 鍛鍊臀部下半身就會緊實

# 髂腰肌運動

游泳的打水要從大腿根部擺動比較有效。
直接刺激這個動作所使用的髂腰肌。

初　級 ▶ 10次　　中　級 ▶ 20次　　高　級 ▶ 30次

## 1　坐在椅子上用膝蓋夾住毛巾

坐在椅子上，用膝蓋夾住毛巾，兩手抓住
椅子兩端。別忘了要縮小腹。

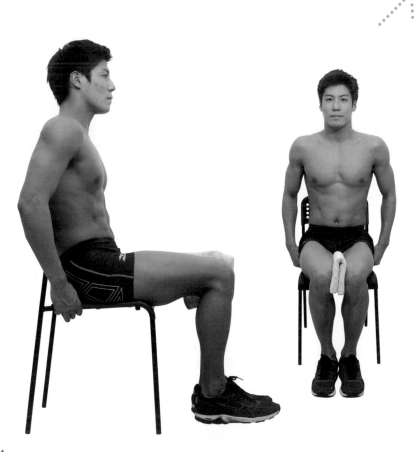

# 2

## 抬起膝蓋

從大腿根部活動，
膝蓋抬到正上方。
縮小腹緊縮軀幹，
要注意上半身別往
後倒。

### Level up!

**變換夾的東西**

膝蓋所夾的東西從毛巾
改成寶特瓶。有些東西
的材質不易抓取，不只
增加負荷，也能培養夾
住的感覺。

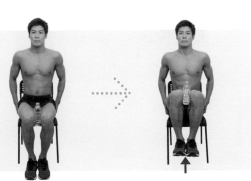

| 對**游泳**這個動作有幫助 | | | |
|---|---|---|---|

 抓水 & 划手　 完成　 恢復動作　 打水

**對身體這個部位有幫助**

- 打水時可以從大腿根部用力踢
- 髂腰肌是大腿根部的小肌肉，感覺較輕的負荷也有充分的效果
- 髂腰肌鍛鍊後，走路時姿勢就不會零亂
- 可以「雕塑」從腹部周圍到腿部的動作

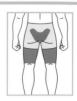

► **Target!**
● 大腿（大腿後肌、股四頭肌）
● 臀部（骨盆）

# 單腳弓箭步

單腳跨出成弓箭步，一邊培養平衡感，
同時以較輕的負荷獲得高度效果。

初 級 ▶ 左右各5次 　　中 級 ▶ 左右各10次 　　高 級 ▶ 左右各15次

**1** 單腳放在椅子上

雙手交叉放在後腦杓，上半身
縮小腹。椅子放在身體後面，
單腳放在椅子上。另一隻腳往
身體前方稍微跨出。

## 2 腰部直接放低

膝蓋彎成90度，腰部
慢慢放低。

注意如果身體過度前
傾，後腳就會承受太
多體重。

**NG**

×

上半身過度前傾會對腰
部造成負擔，對大腿後
肌的效果也會減弱。

---

| 對**游泳**這個<br>動作有幫助 | | | | |
|---|---|---|---|---|
| |  |  |  |  |
| | 抓水&划手 | 完成 | 恢復動作 | 打水 |

| 對**身體**這個<br>部位有幫助 | ● 骨盆周圍包含髂腰肌經過鍛鍊，也能提高柔軟度<br>● 鍛鍊骨盆以下也能培養平衡感，下半身整體的「雕塑」<br>　效果高<br>● 可以培養平衡感，走路時能維持漂亮的姿勢 |
|---|---|

# 波比操

若是有游泳經驗的人，一定都有印象的訓練內容。以下半身為主，刺激整個身體。

初級▶10次　　中級▶20次　　高級▶30次

## 1 站直縮小腹

端正姿勢站直。縮小腹緊縮軀幹。

## 2 腰部放低蹲下

腰部放低，手撐在地板上。注意上半身別往前傾。

## 3 腳向後方伸直

腳向後方伸直，做出「正面橋
式」的姿勢。屁股不要下降，
從頭到腳成一直線。

## 4 恢復蹲姿

兩腳縮到胸口，恢復2的姿勢。
使用小腿（小腿三頭肌），兩手
當成支點跳躍移動。

## 5 恢復站姿

恢復站姿。身體從腰
部提高到正上方，採
取1端正的姿勢最為
理想。別忘了縮小腹
緊縮軀幹。

---

對**游泳**這個
動作有幫助

 抓水&划手
 完成
 恢復動作
 打水

---

對**身體**這個
部位有幫助

- 雖然這個訓練以下肢為主，卻能刺激全身
- 重點是全身連動持續活動
- 進行時意識到小腿（小腿三頭肌），就能提高爆發力所
  不可缺少的身體彈跳力
- 比其他訓練的運動量還多，能鍛鍊心肺功能

# 垂直流線型蹲跳

▶Target!
● 屁股（臀部）
● 大腿（大腿後
 肌、股四頭肌）
● 小腿
 （小腿三頭肌）

游泳在出發與轉身時蹬牆的動作。
可以鍛鍊爆發力與下半身的彈跳力。

| 初 級 | 10次 | 中 級 | 20次 | 高 級 | 30次 |

## 1 膝蓋彎曲腰部放低

骨盆向前傾，膝蓋稍微彎曲。從
肩膀到臀部的線條形成一直線，
膝蓋不要超出腳尖。

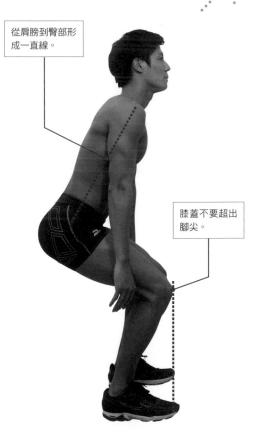

從肩膀到臀部形
成一直線。

膝蓋不要超出
腳尖。

# 2

## 做出
## 流線型跳躍

雙手揮到頭上，做出流線型往上跳。著地後回到**1**的姿勢，重複跳躍的動作。

直直往上跳，腳尖伸展，有意識地使用小腿三頭肌。

| 對**游泳**這個動作有幫助 |  |  |  |  |
|---|---|---|---|---|
| | 抓水&划手 | 完成 | 恢復動作 | 打水 |

**對身體這個部位有幫助**

- 要意識到游泳在出發與轉身時蹬地或蹬牆的動作
- 下半身的肌肉都會用到，可以提高身體的彈跳力
- 身體的彈跳力提高後，也會「雕塑」平日生活的動作，變得更加敏捷
- 緊縮軀幹也能訓練上半身

# 深蹲

鍛鍊下肢內側的肌肉。
重點在於骨盆的使用與膝蓋的彎曲。

▶Target!
● 屁股（臀部）
● 大腿
　（大腿後肌）

| 初 級 ▶10次 | 中 級 ▶20次 | 高 級 ▶30次 |

**1**

## 骨盆向前傾

在站立的狀態縮小腹，骨盆稍
微向前傾。

**2**

## 骨盆向前傾
## 腰部放低

縮小腹維持骨盆前
傾，上半身稍微往
前傾，腰部慢慢放
低。注意背部不要
拱起。

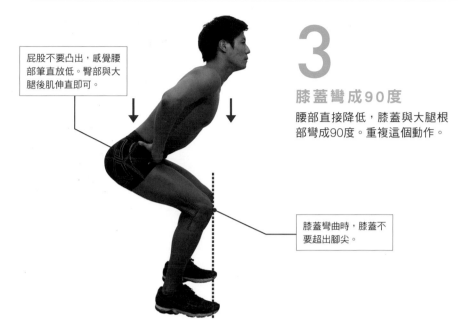

屁股不要凸出，感覺腰部筆直放低。臀部與大腿後肌伸直即可。

# 3
## 膝蓋彎成90度
腰部直接降低，膝蓋與大腿根部彎成90度。重複這個動作。

膝蓋彎曲時，膝蓋不要超出腳尖。

**Level up!**

## 握住桿子或是由搭檔扶著
抓住搭檔、桿子或牆壁支撐身體，體重轉移到後面。會比較容易意識到臀部與大腿後肌。

對**游泳**這個動作有幫助

抓水&划手

完成

恢復動作

打水

對**身體**這個部位有幫助

- 深蹲能夠更加重點鍛鍊雙腿內側
- 骨盆向前傾較容易刺激臀部
- 軀幹穩定對於腰痛很有效
- 與其鍛鍊雙腿前面，鍛鍊內側的「雕塑」效果更高

# 在生活中
# 意識到鍛鍊的部位

游泳選手的身材之所以好看，並非只是因為構成倒三角形的肌肉發達。經由陸上訓練鍛鍊過的肌肉，在游泳這種全身運動每天都會使用，因此才能打造出緊實、漂亮的身材。也許很難像游泳選手那樣每天游泳，但持續使用鍛鍊的肌肉，身體就會緊實。

一面做前面所介紹的訓練，一面在日常生活中安排運動吧。譬如跑步、登山、或走一個車站的距離也不錯。肌力提升後，之前感到費力的運動也會變得輕鬆。也許只是微小的差異，若能感受到就會成為持之以恆的動力。

如果你從事的運動是游泳，那就更皆大歡喜了。本書所介紹的訓練，當然也能活用於游泳。游泳的每個動作會變得輕鬆，而且會變得更加有力。在游泳時不妨意識一下鍛鍊的部位。

例如手臂回到前面的恢復動作，此時會使用肩胛骨周圍與三角肌，先進行以此為主的訓練〔「手臂前平舉」（P.38）等〕後再游泳吧。您一定會發覺恢復動作的感覺有所不同。如果做了「仰臥抬腿推腰」（P.122）或「髂腰肌運動」（P.124），打水的感覺也會有所不一樣。

當然日常生活中也會有改變，這在「Column2」也有提到過。

換言之，肌力訓練的效果不只會讓身材變好，也能更舒服地從事運動，日常生活也會變得更快樂，帶來各種不同的影響。

如果只是當成肌力訓練就太可惜了。應當意識到該如何使用鍛鍊的肌肉，面對每一天的訓練。

# Part 4
# 訓練的組合方式
## Assembly of the Training

即使有大量的訓練內容，若不在適當的時機
完成適當部位的訓練就會失去意義。
在此將要介紹訓練的挑選與組合方式的範例。

# 加進日常生活中的
# 一點閒暇時間

即使沒有空，如果日常生活中有一點閒暇時間，
就能有效地進行訓練。像是工作中稍作休息、
起床後、就寢前等，找到有空的時間就能訓練一下。

## ▶在適合自己的情況下
## 擬定訓練計畫

將這之前本書所介紹的訓練內容全部執行，就能徹底鍛鍊全身。同時這些也是為了能實現倒三角體型所構思出的訓練內容。不過每天撥出時間做完所有的訓練是很困難的事。重點是配合自己的身體狀況與工作，親自擬定訓練計畫。

雖說是計畫，也不過是思考有時間時該做什麼，不會有任何的困難。例如Part2所介紹的熱身運動，每項內容不用1分鐘就能結束。12種全部做完也才花不到10分鐘。就連Part3的訓練，每一項也是大約1分鐘的時間，8種肩膀周圍的訓練加上休息時間，大約10分鐘就能結束。訓練類別有：**肩膀周圍、上半身前部、背部、骨盆周圍、上肢、下肢**共6種。即使一次全部做完，1小時內也能徹底訓練到全身。

將這點放在心上，配合自身的情況思考要做哪些訓練吧。

舉例來說，早上出門工作前，先做熱身運動喚醒身體，選擇可以一邊整理服裝儀容，一邊以站姿進行的訓練。夜晚則利用睡前的時間，選擇趴下或仰躺進行的訓練，就能在床上進行。白天以辦公桌工作為主的人，休息時不妨利用椅子訓練一下。

如此在任何場合找到閒暇時間，就能做一點訓練。重點在於「持之以恆」。就算是僅僅1分鐘或10分鐘，能夠持續進行就是打造倒三角體型的第一步。

## 【早晨的訓練範例】

**不用道具就能完成的
10分鐘訓練內容**

最好是在換衣服的空檔
也能輕鬆完成的訓練內
容。若是「轉動肩胛
骨」（P.18），當下不用
道具，只須轉動肩膀。
若有餘力再拿寶特瓶，
做一下「手臂平舉45
度」（P.20）也不錯。

轉動肩胛骨
（P.18）

**在Part3以站姿進行的
5分鐘訓練內容**

只有熱身運動略感不足
時，可以試試Part3的
訓練內容。「骨盆前傾
後傾」（P.90）、「骨盆
迴旋」（P.92）等，當
下不用道具就能完成。
若有寶特瓶也可做「手
臂前平舉」（P.38）。

骨盆前傾後
傾（P.90）

## 【夜晚的訓練範例】

**Part2的
5分鐘熱身運動**

夜晚比早上還更容
易找到空閒時間。
也有幫助消除一整
天疲勞的效果，像
是「伸展＆步行」
（P.22）等以大幅
動作來放鬆身體也
不錯。

伸展＆步行
（P.22）

**Part3中躺著就能進行的10分鐘訓練內容**

利用睡前的10分鐘做訓練。像是「雙臂屈伸＆
抬腿」（P.54）、「窄距伏地挺身」（P.102）
等趴著就能進行，可以在床上做的訓練。

雙臂屈伸＆抬腿
（P.54）

## 【閒暇時間的訓練範例】

**Part3中坐在椅子上就能完成的
10分鐘訓練內容**

從事辦公桌工作，長時間坐在椅子上的
人，不妨在休息時順便做一下訓練動
作。選擇「手臂彎舉」（P.110）或是坐
在椅子上就能進行的「屈腕上抬練習」
（P.114），就能不費工夫輕鬆鍛鍊。

手臂彎舉
（P.110）

屈腕上抬練習
（P.114）

# 按照想鍛鍊的部位
# 擬定訓練計畫

若有自己感到不足的部位、特別想鍛鍊的部位，
不妨執行重點式地鍛鍊。
比起對全身施加刺激，更能有效率地訓練肌力。

## ▶有效率地分別訓練
## 　要鍛鍊的部位

　　游泳選手在進行「陸上訓練」時，一週內每天都會變更部位。游泳的練習約2小時。除此之外用於訓練的時間，頂尖游泳健將也會花1～2小時。超過的話對身體的負荷太高，可能導致運動傷害。還有一個理由是，全身都做訓練太花時間了。其中想要有效率地進行「陸上訓練」，必須細分要鍛鍊的身體部位。

　　這對一般人也適用。工作忙碌的社會人士，很難一天花上1～2小時訓練。要在短時間內重點刺激鍛鍊的部位，並且有效率地持續。

　　若將身體大致分成兩半，就是上半身與下半身。以Part3的訓練來說，上半身就是**肩膀周圍**、**上半身前部**、**背部**、**上肢**。下半身則是**骨盆周圍**、**下肢**。如此劃分後，上半身前部的訓練全部做完也要30分鐘。若要再細分可以分成3組：**肩膀周圍**、**骨盆周圍**為一組；**上半身前部**與**背部**為一組；**上肢**與**下肢**為一組。

　　部位的分法可以自由進行，如果考慮身體呈現的效果，就以「表裡」來思考吧。相對於身體前面（表）的腹肌，背肌就想成「裡」的這一面。此外也可以是上半身與下半身、手臂與腿部，訣竅是劃分時鍛鍊的部位不要重複。

　　依照部位劃分，也有能讓肌肉休息的好處。在鍛鍊肱三頭肌時，就能讓大腿後肌休息。比起一次鍛鍊全身的負擔更少，也比較容易讓訓練持續下去。

## 【上半身的訓練範例】

彎腰俯臥飛鳥
（P.44）

腹肌搖籃
（P.64）

三頭肌
背後直臂上舉
（P.112）

轉體起身
（P.58）

## 【下半身的訓練範例】

臀部走路
（P.86）

單腳微蹲
（P.120）

反向捲腹
仰臥起坐
（P.88）

垂直流線型蹲跳
（P.130）

# 擬定
# 一週的訓練計畫

前面提過「持之以恆」地訓練是最大的要點。
話雖如此，毫無計畫便難以持續。
有一個方法是，一週內每天分別鍛鍊不同的部位。

### ▶一週內每天分別訓練
### 　養成每日的習慣

　　從Part2的熱身運動到Part3所介紹的訓練，全部一次做完需要1小時左右。這很難變成每天的習慣。也難以持之以恆。

　　不過要是一天花10分鐘呢？若是早上起床後的10分鐘，或就寢前的10

分鐘，就不會造成太大的負擔，也比較容易持之以恆地訓練。這些小小的累積變成習慣，就會構成打造倒三角好身材的基礎。

　　本書的訓練全部分成6大類別。按照類別在週一～週六進行訓練，週日則是休息日，如此就能剛好形成一個週期。

## 【 一週的訓練範例 】

**星期一**
Monday

鍛鍊
肩膀周圍

手臂前平舉
（P.38）

彎腰俯臥飛鳥
（P.44）

肩胛骨椅上撐體
（P.48）

**星期二**
Tuesday

鍛鍊
上半身前部

流線型上半身抬舉
（P.56）

V型上舉
（P.60）

腰背部仰臥起坐
（P.66）

**星期三**
Wednesday

**鍛鍊背部**

背肌搖籃
（P.80）

背部伸展平衡訓練
（P.82）

胸廓轉動
（P.84）

**星期四**
Thursday

**鍛鍊
骨盆周圍**

臀部走路
（P.86）

骨盆
前傾後傾
（P.90）

貓背
（P.94）

**星期五**
Friday

**鍛鍊
上肢**

窄距伏地挺身
（P.102）

屈腕上抬練習
（P.114）

三頭肌運動
（P.116）

**星期六**
Saturday

**鍛鍊
下肢**

仰臥抬腿推腰
（P.122）

髂腰肌運動
（P.124）

單腳弓箭步
（P.126）

# 【訓練達成度一覽表】

Part3的訓練中已達成的內容依每個級別確認後註記 ☑

持之以恆地訓練，朝著倒三角體型努力吧！

| 訓練名稱 | 頁數 | 初級 | 中級 | 高級 |
|---|---|---|---|---|
| 手臂前平舉 | 38 | ☐ | ☐ | ☐ |
| 手臂側平舉 | 40 | ☐ | ☐ | ☐ |
| 手臂後舉 | 42 | ☐ | ☐ | ☐ |
| 彎腰俯臥飛鳥 | 44 | ☐ | ☐ | ☐ |
| 肩胛骨雙臂屈伸 | 46 | ☐ | ☐ | ☐ |
| 肩胛骨椅上撐體 | 48 | ☐ | ☐ | ☐ |
| 入水姿勢平行飛鳥 | 50 | ☐ | ☐ | ☐ |
| 肩胛骨滑動② | 52 | ☐ | ☐ | ☐ |
| 雙臂屈伸＆抬腿 | 54 | ☐ | ☐ | ☐ |
| 流線型上半身抬舉 | 56 | ☐ | ☐ | ☐ |
| 轉體起身 | 58 | ☐ | ☐ | ☐ |
| V型上舉 | 60 | ☐ | ☐ | ☐ |
| 傾斜V型上舉 | 62 | ☐ | ☐ | ☐ |
| 腹肌搖籃 | 64 | ☐ | ☐ | ☐ |
| 腰背部仰臥起坐 | 66 | ☐ | ☐ | ☐ |
| 背部側身移動 | 68 | ☐ | ☐ | ☐ |
| 肩胛骨滑動③ | 70 | ☐ | ☐ | ☐ |
| 肩胛骨運動① | 72 | ☐ | ☐ | ☐ |
| 肩胛骨運動② | 74 | ☐ | ☐ | ☐ |
| 肩胛骨運動③ | 76 | ☐ | ☐ | ☐ |
| 同位運動 | 78 | ☐ | ☐ | ☐ |
| 背肌搖籃 | 80 | ☐ | ☐ | ☐ |
| 背部伸展平衡訓練 | 82 | ☐ | ☐ | ☐ |
| 胸廓轉動 | 84 | ☐ | ☐ | ☐ |
| 臀部走路 | 86 | ☐ | ☐ | ☐ |
| 反向捲腹仰臥起坐 | 88 | ☐ | ☐ | ☐ |
| 骨盆前傾後傾 | 90 | ☐ | ☐ | ☐ |
| 骨盆迴旋 | 92 | ☐ | ☐ | ☐ |
| 貓背 | 94 | ☐ | ☐ | ☐ |
| 胸廓前後滑動 | 96 | ☐ | ☐ | ☐ |
| 胸廓左右滑動 | 98 | ☐ | ☐ | ☐ |
| 軀幹波浪 | 100 | ☐ | ☐ | ☐ |
| 窄距伏地挺身 | 102 | ☐ | ☐ | ☐ |
| 椅上撐體 | 104 | ☐ | ☐ | ☐ |
| 正面橋式 | 106 | ☐ | ☐ | ☐ |
| 後橋式 | 108 | ☐ | ☐ | ☐ |
| 手臂彎舉 | 110 | ☐ | ☐ | ☐ |
| 三頭肌背後直臂上舉 | 112 | ☐ | ☐ | ☐ |
| 屈腕上抬練習 | 114 | ☐ | ☐ | ☐ |
| 三頭肌運動 | 116 | ☐ | ☐ | ☐ |
| 向後抬腿 | 118 | ☐ | ☐ | ☐ |
| 單腳微蹲 | 120 | ☐ | ☐ | ☐ |
| 仰臥抬腿推腰 | 122 | ☐ | ☐ | ☐ |
| 髂腰肌運動 | 124 | ☐ | ☐ | ☐ |
| 單腳弓箭步 | 126 | ☐ | ☐ | ☐ |
| 波比操 | 128 | ☐ | ☐ | ☐ |
| 垂直流線型蹲跳 | 130 | ☐ | ☐ | ☐ |
| 深蹲 | 132 | ☐ | ☐ | ☐ |

〔開始日　　年　　　月　　　日 ── 達成日　　年　　　月　　　日〕

## ● 作者

### 高橋雄介（Takahashi Yusuke）
**中央大學理工學院教授**
**日本奧林匹克委員會強化成員**

1962年生。曾經是非常活躍的蝶式選手，在美國留學5年，回國擔任中央大學游泳隊的首席教練。之後成為該校總教練，2004年在日本學生選手權大會達成史無前例的11連霸紀錄。培育出眾多奧林匹克選手與獎牌得主，指導過2016年里約熱內盧奧運會選手塩浦慎理選手（中央大學畢業、隸屬ITOMAN TOSHIN）等人。另外不只頂尖游泳健將，也針對一般游泳愛好者開設私人課程，對於推廣游泳樂趣不遺餘力。

## ● 模特兒

### 大本鷹志（Omoto Takashi）

1994年生。京都府出身。京都外大西高中畢業。2016年度中央大學游泳隊隊長。從嬰兒游泳開始接觸游泳。高中時代持續活躍於全國大會。特色是活用183cm身高與修長手腳的泳技，日本首屈一指的自由式短距離選手。個人最佳紀錄為100公尺自由式49秒95。

### 田上勇氣（Tanoue Yuuki）

1994年生。熊本縣出身。九州學院高中畢業。雖是170cm的短小身材，卻有著以經過鍛鍊的身體展現爆發力蝶式的特色。從高中時代便在全國高等學校綜合體育大會得獎，在全國JOC少年奧林匹克盃與日本選手權等全國大會也十分活躍。100公尺蝶式個人最佳紀錄為54秒50。

【日文版工作人員】

| [內文設計・DTP] | 高 八重子 |
|---|---|
| [編輯・製作] | ナイスク　http://naisg.com |
| | 松尾里央　高作真紀　中村 僚 |
| [採訪・構成] | 田坂友曉 |
| [攝影] | 松田杏子 |
| [插畫] | 風間康志（HOPBOX） |
| [模特兒] | 大本鷹志　田上勇気 |
| [製作協力] | 中央大学水泳部　ミズノ株式会社　有限会社ワイジェイティー |

游泳選手肌肉鍛鍊的祕密！
# 打造倒三角體型的陸上訓練

2016年12月1日初版第一刷發行

作　　者　　高橋雄介
譯　　者　　蘇聖翔
編　　輯　　曾羽辰
美術編輯　　黃郁琇
發 行 人　　齋木祥行
發 行 所　　台灣東販股份有限公司
　　　　　　＜地址＞台北市南京東路4段130號2F-1
　　　　　　＜電話＞(02)2577-8878
　　　　　　＜傳真＞(02)2577-8896
　　　　　　＜網址＞http://www.tohan.com.tw
郵撥帳號　　1405049-4
法律顧問　　蕭雄淋律師
總 經 銷　　聯合發行股份有限公司
　　　　　　＜電話＞(02)2917-8022
香港總代理　萬里機構出版有限公司
　　　　　　＜電話＞2564-7511
　　　　　　＜傳真＞2565-5539

著作權所有，禁止翻印轉載。
購買本書者，如遇缺頁或裝訂錯誤，請寄回調換
（海外地區除外）。
Printed in Taiwan

國家圖書館出版品預行編目資料

打造倒三角體型的陸上訓練：游泳選手肌肉
鍛鍊的祕密！/ 高橋雄介著；蘇聖翔譯. --
初版. -- 臺北市：臺灣東販, 2016.12
144面；14.8×21公分
譯自：水泳のきれいなカラダをつくる
ISBN 978-986-475-211-9(平裝)

1.運動訓練 2.體能訓練 3.肌肉

528.923　　　　　　　　　105020799

SUIEI NO KIREINA
KARADA WO TSUKURU
SLIM NA GYAKUSANKAKKEI NI NARU!
DRY LAND TRAINING
© YUSUKE TAKAHASHI 2016
Originally published in Japan in 2016
by Gijutsu-Hyohron Co., Ltd.
Chinese translation rights arranged through
TOHAN CORPORATION, TOKYO.